LA CATA DE
VINOS

Lluís Manel Barba

LA CATA DE VINOS

Guía completa para conocer
y degustar los vinos

Grijalbo

Papel certificado por el Forest Stewardship Council®

MIXTO
Papel procedente de
fuentes responsables
FSC® C117695

Penguin
Random House
Grupo Editorial

Edición actualizada y ampliada: septiembre de 2021

© 2014, 2017, 2021, Lluís Manel Barba
© 2014, 2017, 2021, Penguin Random House Grupo Editorial, S.A.U.
Travessera de Gràcia, 47-49. 08021 Barcelona

Printed in Spain – Impreso en España

Diseño y maquetación: Estudi Sangenís
Ilustración: Javier Masero, Montse Montero

ISBN: 978-84-18007-70-5
Depósito legal: B-10579-2021

Impreso en Gráficas 94
Sant Quirze del Vallès (Barcelona)

DO 07705

SUMARIO

Introducción

Saber de vinos es importante, tanto para nuestro disfrute personal, en el restaurante o en la intimidad de nuestros hogares, como para mejorar nuestras relaciones sociales. Catar un vino, ante todo, nos permite disfrutar de él en toda su amplitud, apreciando matices de colores, gustos y aromas que pasarán inadvertidos al no iniciado. Pero de puertas afuera, en comidas de trabajo o entre amigos, la cultura enológica nos permite asimismo «quedar bien», pues el vino forma parte de esa etiqueta que toda persona de mundo debe conocer.

Basado en las preguntas más habituales en mis cursos de iniciación a la cata y mis clases en escuelas de cocina y hostelería, este manual práctico es un paso a paso por todos los aspectos del vino. Conoceremos nuestros sentidos; luego viajaremos a través de las elaboraciones de los vinos y aprenderemos sus secretos; sabremos las peculiaridades de la cata de cada vino; daremos la vuelta «enológica» al mundo y, finalmente, habremos adquirido los conocimientos necesarios para degustar mejor todos los caldos. Estos temas se desgranan con sencillez, para estimular al lector y mostrarle lo fácil y divertido que es aprender a catar.

El aprendizaje de la cata, además de resultar muy placentero, abre siempre una dimensión nueva en la experiencia cotidiana del iniciado: saber disfrutar del vino es introducir en nuestra vida un nuevo motivo de placer.

Los sentidos

Al oír hablar a un experto en la cata de vinos, podemos tener la impresión de que se trata de un don reservado a un reducido círculo de personas. Esto no es cierto. El dominio de esta técnica se basa en conocer el funcionamiento de nuestros sentidos, en saber describir nuestras sensaciones y en aprender un vocabulario común. Con esta base de conocimientos y una buena dosis de placentera práctica, llegaremos a valorar los vinos por lo que son, sin dejarnos influir por su presentación o su etiqueta.

En la degustación utilizamos una técnica sencilla: el análisis sensorial. Cuando dominemos la cata y logremos atravesar el umbral de las sensaciones, la pasión por el vino nos atrapará; se nos abrirán nuevas perspectivas; nos parecerá imposible repetir una elección; estaremos abiertos para experimentar con nuevos aromas y sabores; nos dejaremos llevar por recomendaciones; buscaremos las novedades; seremos atrevidos, en fin, y expresaremos lo que sentimos ante la copa. Déjese atrapar por este torbellino de sensaciones. Para ello, basta con ser aplicado a la hora de conocer las técnicas y aprender el lenguaje específico de los amantes del vino. Lo básico es muy sencillo, el universo que se abre frente a nosotros, inabarcable.

Aprender a degustar

Oyendo hablar a un sumiller o a un enólogo, quedamos maravillados ante su descripción del vino. Nos parece increíble que al probar un vino se puedan detectar tantos matices. La degustación responde a una técnica objetiva: el análisis sensorial.

En las aulas de cata se aprende a expresar un conocimiento que ya se tiene interiorizado: la memoria de aromas y sabores. Todos tenemos unas capacidades sensoriales semejantes; unas nociones básicas de cata bastarán para apreciar las cualidades de los diferentes vinos.

EL ANÁLISIS SENSORIAL

El análisis sensorial pone en juego toda una serie de estímulos provocados por la impresión de los constituyentes del vino sobre los órganos sensitivos. El peso, los colores y las partículas desprendidas actúan sobre el olfato y el gusto. Por lo tanto, es muy importante conocer el funcionamiento de estos órganos sensitivos para interpretar sus sensaciones. El proceso de detección es el siguiente:

El estímulo es lo primero. El mundo que nos rodea está poblado de infinitos elementos que, al entrar en contacto con nosotros, producen la excitación de nuestros órganos sensitivos. Pongamos por ejemplo una silla: el elemento «silla» llega a nuestros ojos a través de las ondas lumínicas emitidas. Esta imagen es el estímulo que inicia todo el proceso.

Del sentido al cerebro. A través de los órganos sensitivos, recibimos los estímulos exteriores. Cada receptor envía toda una serie de señales que llegan al cerebro. A esta señal cerebral la denominamos «sensación». Siguiendo nuestro ejemplo, visualizamos en nuestra mente la imagen de la silla. Hasta ese momento, todo el proceso es inconsciente, es decir, lo realizamos sin darnos cuenta.

La sensación verbalizada. Finalmente, después de analizar la sensación, la verbalizamos en forma de percepción. Esta última fase es del todo consciente y se basa en nuestro conocimiento previo. En el ejemplo anterior, la percepción ocurre cuando reconocemos la imagen vista como una silla: podremos ver mil diseños diferentes, pero siempre la reconoceremos como una silla. Se trata de un proceso que realizamos de manera muy rápida. En realidad, no somos conscientes de la intensa y rapidísima búsqueda de imágenes conocidas que llevamos a cabo en nuestra mente para encontrar un diseño parecido al de la silla.

Trabajar los sentidos. El proceso descrito es susceptible de ser mejorado con la práctica. Así, aunque

ESTÍMULO	→ ÓRGANO SENSITIVO	→ SENSACIÓN	→ PERCEPCIÓN
Excitación	Receptores neurosensoriales de la vista, el aroma y el gusto	Reflexión	Interpretación y reconocimiento

normalmente tendremos clara la percepción en el caso del gusto y de la vista, dos sentidos que trabajamos cada día, ya no tendremos tan claro cuál será el aroma de un perfume determinado. Todos sabemos cuándo un estofado está salado o un pastel demasiado dulce, y podemos definir el color de una camisa o de una pintura. Con la práctica enriqueceremos los matices.

EL BUEN CATADOR

La buena cata, así pues, es una cuestión de técnica que puede aprenderse y que se mejora con la práctica. Si bien es cierto que hay personas que cuentan con un olfato especial —los perfumistas, por ejemplo—, todos tenemos más o menos las mismas capacidades sensoriales para apreciar las cualidades de los diferentes vinos. Las nociones básicas de cata que serán explicadas en este libro nos permitirán abrirnos a nuevas sensaciones.

Técnica y gusto. En cuestión de gustos hay mucho escrito. Como ejemplo, bien vale el de la pintura. Situados ante un cuadro, debemos saber en qué tene-

mos que fijarnos para valorar su calidad; solo en una fase posterior decidiremos si el cuadro nos gusta. Con la cata sucede lo mismo, el catador experto valorará la estructura y elaboración del caldo, sobre datos objetivos, y solo una vez concluido el análisis, comentará si es o no es su estilo de vino, es decir, si le gusta.

Evidentemente, cada catador tiene su gusto personal. Ahí radica la dificultad que entraña la cata: valorar objetivamente un vino desde unos sentidos totalmente subjetivos.

¿DEGUSTAMOS TODOS LOS VINOS?

Cuando dominamos la técnica de la cata, podemos degustar todos los vinos, aunque estén elaborados para el consumo diario. Ante estos caldos más comunes, la técnica nos permitirá detectar posibles defectos. En este tipo de vinos buscamos unos aromas agradables, suaves y redondos al paladar.

GUSTOS PERSONALES Nadie nos debe decir lo que nos tiene que gustar o no. Nosotros sabemos lo que nos gusta. Aprender a catar no tiene por qué cambiar nuestros gustos personales. La técnica de la cata nos ayudará a valorar mejor cada vino y discernir por qué nos gusta más un vino u otro. Cuantos más vinos diferentes degustemos, mejor será nuestro criterio y su valoración externa.

Cómo mirar el vino

Como en el amor a primera vista, en la cata la primera impresión es lo que cuenta. O al menos cuenta mucho: la sensación visual, si es positiva, es la que nos invita a degustar este néctar que nos ofrece la naturaleza, aunque no es oro todo lo que reluce.

ADJETIVOS VISUALES

Limpidez cristalino, límpido, velado, borroso, opaco, turbio, con posos o sedimentos
Fluidez ágil en copa, fluido, denso, consistente, espeso, viscoso, aceitoso
Burbujas (gas carbónico)
   Vino tranquilo: nulo, aguja
   Vino espumoso: descripción del perlaje

EL VINO, EN SU AMBIENTE

Nuestro contacto preliminar con el vino, antes de tomarnos una copa, es con la vista, y en ese momento lo primero que observamos es su color.

Ver: sentir a distancia. La vista, órgano de la percepción humana que permite apreciar a distancia los objetos, distingue ondas, mientras que los demás sentidos necesitan un sustrato material. Es un sentido rápido, dinámico, que proporciona un sentimiento de realidad, de seguridad. Ahora bien, las impresiones visuales del entorno también nos influyen en la cata. Si alguna vez hemos visitado una bodega y asistido al momento en que un vino tinto es sacado directamente de la barrica por el enólogo, todo el conjunto de impresiones recibidas, sin duda, habrán convertido ese instante en un momento inolvidable.

LA VISTA ENGAÑA Al catar un vino, fiémonos de la vista solo relativamente... Un color muy evolucionado del vino, por ejemplo, puede hacernos creer que es defectuoso. Esta impresión inicial tal vez sea la causa de que encontremos el vino pasado y desagradable, cuando la realidad puede ser muy distinta.

El ambiente condiciona. El ambiente condiciona la mirada del catador; la percepción, en efecto, está condicionada: según dónde degustemos un vino, lo encontraremos mejor o peor. Un entorno agradable, limpio, donde nos hallemos cómodos y atendidos, influye positivamente en la impresión que nos causará un vino. Por el contrario, un ambiente extraño nos predispone para encontrarle defectos. Por esta razón, el criterio y la independencia del catador son lo más difícil de conseguir. Toda persona que se sitúe delante de una copa de vino, cuando domina la técnica, debe tener bien claros sus gustos: en caso contrario, quedará a merced de las impresiones externas.

EMPEZAMOS A CATAR

Para empezar, en una cata debemos coger la copa de una manera especial, con maniobrabilidad óptima, que nos permita examinar el vino en toda su extensión.

La posición de la mano. Como observamos en las imágenes, la posición de la mano nos permite agitar la copa y ponerla inclinada, al objeto de observar el color y la limpidez del vino. Lo importante es que cojamos la copa por el mástil, sin tocar la parte que contiene el líquido, para así evitar calentarlo o enfriarlo.

Coger la copa con estilo

Coger la copa de manera correcta consiste en lograr la máxima maniobrabilidad, es decir, poderla mover con facilidad. Estas son las dos formas más habituales: cogiéndola por el mástil o por la base.

DOS CLAVES: LIMPIDEZ Y FLUIDEZ

Al coger la copa y examinar su contenido, el buen catador debe fijarse ante todo en dos rasgos esenciales: la fluidez y la limpidez del caldo.

Fluidez y densidad. La fluidez indica la densidad de un vino. Hablaremos también de viscosidad o untuosidad. Los vinos serán más o menos densos según la cantidad de glicerol que contengan. El glicerol es un subproducto de la fermentación alcohólica ligado a la formación de etanol. Un grado alcohólico alto o una fermentación a baja temperatura favorecen la concentración de glicerol y la densidad del vino. Los vinos blancos son, por lo general, más fluidos que los tintos. Para analizar la fluidez, agitamos la copa a fin de comprobar cómo fluye. Observaremos cómo por las paredes de la copa descienden unas pequeñas gotas llamadas «lágrimas».

Limpidez y elaboración. Gracias a la limpidez tenemos noticia de cómo ha sido elaborado el vino, si ha tenido algún problema de filtración o ha sufrido alguna alteración en botella. Al examinar el vino, podemos detectar alguna partícula en suspensión, como por ejemplo: pequeños cristales de bitartrato transparentes o rojos denominados «posos»; una ligera capa blanquecina, como en los ribeiros turbios, significa que el vino está velado. En caso de que no observemos nada, definiremos el vino como límpido o cristalino, si es extremadamente limpio.

LA «AGUJA» EN EL VINO

El CO_2 o gas carbónico está presente en los vinos y los diferencia. Según su ausencia o presencia, hablaremos de vinos tranquilos y de vinos espumosos.

Los vinos tranquilos. Llamamos «vinos tranquilos» a los que no forman burbujas, aunque a veces existe gas carbónico residual de la fermentación. Lo detectamos en vinos jóvenes que acaban de ser embotellados. A estas pequeñas burbujas las denominamos «aguja». Diremos entonces que un vino «tiene aguja» para indicar la presencia de CO_2.

¿Vino con aguja o vino de aguja? No hay que confundir entre el vino con aguja y el vino de aguja, pues este es un tipo de vino espumoso con poca presión de gas. En los espumosos se analizarán las burbujas (perlaje) en función de su crianza. Los enólogos y los sumilleres somos así de «especiales»; no hablamos de burbujas, sino de perlas; de ahí viene el perlaje. El color, el matiz y la intensidad del vino son los datos visuales que ofrecen mayor información en la degustación. En el siguiente apartado analizaremos estos aspectos.

LÁGRIMAS Y SEDA Las pequeñas gotas que llamamos «lágrimas» se forman por la evaporación del alcohol y por la adherencia del vino a la copa. Este efecto varía según la copa y el vino: las lágrimas serán más gruesas y descenderán más lentamente por la copa en los vinos más densos. Los caldos que tengan graduaciones alcohólicas altas están fermentados a temperaturas bajas y casi siempre formarán lágrimas. La presencia de estas gotas es señal de la sedosidad del vino y dependen mucho de la copa.

Los colores del vino

Blancos, tintos y rosados... y un sinfín de matices: diferentes colores para diferentes vinos. El color es el aspecto más llamativo del vino, que puede hablarnos de su pasado. Si observamos un vino con atención, descubriremos aspectos de su vida anterior.

¿CÓMO OBSERVAMOS EL COLOR?

Aparte de los aspectos previos de limpidez, fluidez y presencia de gas carbónico, el color es el aspecto visual más importante en la cata. El color nos habla del cuerpo, edad y estado del vino.

Color y movimiento de la copa. Para apreciar el color hay que jugar con nuestra habilidad en mover la copa. Necesitaremos buena luz —si es natural, mucho mejor—, así como un fondo blanco, que puede ser una mesa, un mantel, una servilleta o, incluso, un folio.

LA EDAD DEL VINO: LOS RIBETES

Los ribetes o reflejos informan acerca de la edad de un vino, así como de su estado de evolución. Los colores de los ribetes son:

	VINOS TINTOS	VINOS BLANCOS
Vinos jóvenes	MORADOS O VIOLÁCEOS	VERDOSOS
Vinos con evolución	ANARANJADOS O TEJA	DORADOS

Por lo tanto, cuando observemos los ribetes morados en un vino tinto, podremos decir que se trata de un tinto joven. En los vinos blancos, los reflejos no son tan evidentes como en los tintos; por consiguiente, nos fijaremos más en la parte inferior del menisco, donde se crea un doble reflejo en forma de herradura. Si no lo vemos con claridad, obtendremos la evidencia comparando una copa de un vino blanco joven y otro con crianza en barrica.

DEFINIENDO EL COLOR

El color del vino dependerá de distintos factores: de las variedades de uva, de su elaboración, de su crianza y de su estado evolutivo. Un color intenso y brillante será propio de un vino concentrado y estructurado en boca, con larga vida en botella. Por el contrario, un color poco intenso será característico de un vino ligero y suave en boca.

Antocianos y flavonas. Los pigmentos del vino son los antocianos y flavonas, responsables del color de los caldos. Las flavonas dan el color amarillo a los vinos blancos. La gama de amarillo va desde los amarillos pálidos a los amarillos dorados. Los antocianos producen el color rojo en el vino tinto. La gama del rojo va desde el púrpura en los vinos jóvenes, a los tonos más apagados de rubí, teja y caoba de los vinos viejos y evolucionados.

Como observamos en la fotografía, al inclinar la copa se forma una elipse. A esta elipse la denominamos «menisco». En el centro del menisco es donde apreciamos el color de los vinos. En el borde del menisco se observa que el caldo adquiere una tonalidad o matiz diferente: son los «ribetes» o reflejos.

VINOS CON CAPA

Decimos que un vino tinto «tiene capa», cuando posee un color muy intenso. El término proviene de cuando se compraban vinos a granel para reforzar otros más ligeros. En el comercio el vino se valoraba por su intensidad de color y por la capacidad de teñir otros caldos no tan coloreados. Eran especialmente valorados los de doble y de triple capa.

¿Vinos enfermos? En el centro del menisco es donde apreciamos mayor intensidad de color, que se reduce conforme nos acercamos a los ribetes. En los vinos «enfermos», que han tenido una mala conservación o están pasados, esta gradación de intensidad no se produce.

Tranquilos, blancos, tintos. Para la definición visual de un vino tranquilo, primero analizaremos el color, seguido del matiz, la limpidez y la fluidez, y finalmente, si existe, notaremos la presencia de gas carbónico en forma de aguja. La definición del vino blanco de la imagen sería: color amarillo pálido con reflejos verdosos, brillante, fluido con algo de aguja; definición muy similar a la de otros vinos blancos jóvenes. Por su parte, la definición del tinto podría ser:

vino granate de capa media con reflejos violáceos, límpido y brillante.

La brillantez. Como vemos, el brillo es un elemento fundamental en la descripción de un vino. La brillantez va muy ligada a la juventud del caldo, que será más apagado cuanto más viejo sea.

Más allá de la mirada. Y antes de acabar, un consejo final: ¡ojo con la vista! No podemos olvidar que en la fase visual de la cata tan solo estamos recogiendo información sobre el vino, y no tenemos que dejarnos influir en demasía por la vista, sino realizar todo el análisis sensorial antes de valorar un vino.

LOS POSOS Aparecen en vinos que se han filtrado poco o en caldos de viejas añadas. Son tartratos y antocianos que precipitan debido al añejamiento del vino, o porque eliminan los excesos de su estructura. Estos sedimentos no se consideran un defecto del vino, sino una consecuencia de su evolución. En los tintos actuales, los posos pueden aparecer en los relativamente jóvenes debido al tipo de elaboración. En vinos blancos, también pueden aparecer; aunque no se tiñen, son blanquecinos.

Reflejos violáceos

Menisco

Color amarillo pálido

Herradura

Color granate

Reflejos verdosos

El análisis olfativo

Atesoramos recuerdos aromáticos: oler una determinada colonia nos evoca un bebé durmiendo en su cuna; un olor a humedad nos traslada a la vieja casa del pueblo, cuando abrimos un armario... Estos recuerdos inconscientes se transforman en percepciones actuales en el momento en que el perfume de los vinos nos envuelve.

Aunque no seamos conscientes, los «dejà vu» (experiencias vividas) son provocadas muchas veces por los aromas. El sentido del olfato y los recuerdos están muy «juntos» en el córtex del cerebro. Por esta razón, algunos aromas nos conectan, casi inconscientemente, a ese recuerdo y nos da esa sensación tan familiar de: «Esto ya lo he vivido».

ADJETIVOS DEL AROMA

Primera impresión agradable, desagradable
Intensidad suave, intenso, potente
Calidad aromática animal, balsámica, maderizada, química, especiada, empireumática, floral, vegetal, frutal
Carácter fino, elegante, rústico, por pulir
Persistencia persistente, larga, corta, fugaz, inexistente

Un mundo de moléculas

El olfato, como el gusto, es lo que denominamos un «sentido químico». Vivimos en un mundo de moléculas y el sentido del gusto y el aroma, situados sobre las vías de penetración del organismo, son los clasificadores de estas moléculas.

Momento para el placer. El aroma es la fase más placentera de toda la degustación, pero también la más complicada. En realidad, mucho de lo que denominamos «sabores» son en realidad «aromas» que percibimos al deglutir los alimentos. Nuestra pituitaria es capaz de detectar aromas en tan pequeña proporción en el aire, que ni las más modernas técnicas de laboratorio son capaces de analizar.

¿Dónde está el olfato? El sentido del olfato lo tenemos centrado en el bulbo olfativo. Las sustancias odoríferas llegan a él por dos vías, directa e indirecta:

VÍA NASAL DIRECTA. Los aromas ascienden por las fosas nasales hasta interaccionar con el bulbo olfativo. En la cata se utiliza esta vía cuando olemos el vino directamente de la copa.

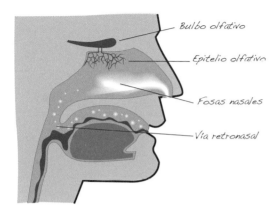

Bulbo olfativo

Epitelio olfativo

Fosas nasales

Vía retronasal

VÍA RETRONASAL. Las moléculas odoríferas ascienden por la boca, a través de la laringe, hacia la nariz. En la cata detectamos los aromas retronasales cuando degustamos el vino. Para entender el aroma retronasal, pensemos en dos alimentos habituales: el café y el chocolate. Cuando los tomamos decimos que su gusto «perdura» en la boca. Realmente lo que notamos es su aroma retronasal potente y persistente. Esto nos pasa con otros alimentos, ya que tenemos infinitos aromas pero solo cinco gustos principales: ácido, amargo, salado, umami y dulce. Solo tienen aroma retronasal los vinos más consistentes.

Los aromas

El aroma del vino depende de muchos factores:

FACTORES VITIVINÍCOLAS: la variedad vinífera, el clima, el terreno, la maduración de la uva, la vinificación, la edad y el estado de conservación.

FACTORES DE LA CATA: la temperatura de servicio, el tipo de copas, la oxigenación inicial... Podemos tener un vino muy aromático que, servido a temperatura inadecuada, no tenga expresividad.

Cualidad y grado del aroma. Podemos analizar los aromas del vino desde dos perspectivas diferentes:

CUALITATIVAMENTE: analizaremos el tipo y calidad del aroma, si es floral, afrutado o especiado, de acuerdo con las distintas familias aromáticas.

CUANTITATIVAMENTE: analizaremos el grado de intensidad del aroma, así como su persistencia en nuestra pituitaria.

Oler, inspirar, meditar

En el análisis olfativo podemos distinguir tres fases: oler, inspirar y meditar.

Oler la copa. Lo primero que hay que hacer, antes de remover el vino, es oler la copa. Así tenemos una primera impresión agradable o desagradable. Esta sensación inicial nos indica si el vino tiene algún defecto de elaboración o conservación. En esta fase detectamos los aromas más volátiles.

Agítese antes de inspirar. A continuación agitamos la copa, removiendo el vino de forma circular. Hasta adquirir práctica, podemos ayudarnos de una superficie plana —por ejemplo, una mesa— para la agitación. Tras remover, volvemos a oler. El aroma ha cambiado y el vino se ha oxigenado. Definiremos la intensidad y persistencia aromática del vino, y luego analizaremos la calidad. Verbigracia: «Aroma potente, persistente, distinguido con notas frutales a piña, mango...» podría ser la nota de cata de un vino de DO Rueda, con sauvignon blanc y verdejo.

¿Narices especiales? Si bien existen olfatos privilegiados, como los de algunos perfumistas, con entrenamiento todos podemos detectar muchos aromas. Para ello, debemos prestar mayor atención a nuestro olfato en todo momento. Practicar es sencillo. El mayor placer en la cata de un vino reside en llegar a dominar el sentido del olfato.

EL REGISTRO DE LOS AROMAS
Obvio: para detectar, por ejemplo, el aroma de mango en un vino, primero tenemos que haber olido el mango alguna vez. En el mercado existen cajas de aromas que nos permiten ejercitar el olfato y enriquecer el «registro de aromas» que tenemos archivado en nuestro cerebro.

La rueda de los aromas

El buqué de los vinos es una caja de sorpresas, y la virtud del catador reside en desenmarañar todo ese universo aromático. El máximo placer llega al reconocer los distintos aromas. Una vez reconocidos, nos dejaremos llevar por su armónica fragancia.

LAS FAMILIAS AROMÁTICAS

Según su origen, agrupamos los aromas del vino en tres grupos: primarios, secundarios y terciarios.

Uva y aromas primarios. Los llamados «aromas primarios» provienen de la variedad de uva con la que se elabora el vino. También reciben el nombre de «aromas varietales». El aroma final que ofrezca el vino dependerá en gran medida de estos matices.

Fermentación y aromas secundarios. Se llaman «secundarios» los aromas que se forman durante la fermentación del mosto. En el mosto hay precursores aromáticos que durante el proceso fermentativo

EL VINO HUELE A VINO

Parece una obviedad. En la cata, intentamos buscar semejanzas de los aromas del vino con las fragancias que conocemos. Por mucho que nos esforcemos, a veces, los vinos huelen a lo que son: vino.

VINO JOVEN O VINO VIEJO Al catar un vino no es preciso pensar en los infinitos aromas que existen. Cuando catemos un vino joven buscaremos aromas de sustancias perecederas, como frutas, flores o vegetales en general; y cuando catamos caldos viejos, los olores buscados serán de productos perdurables, como especias, tabaco, café y cacao; y si el vino ha sido criado en barrica, apreciamos aromas de madera, ahumados y vainilla.

se transforman en aromas. Un ejemplo de estas fragancias es el aroma de plátano (acetato de isoamilo): lo detectamos, si bien muy suavemente, en vinos blancos que han tenido una buena fermentación.

Crianza y aromas terciarios. Denominamos «aromas terciarios» a los que se forman cuando el vino ha pasado por un proceso de crianza, tanto si ha sido en barrica como en botella. A esto se le llama «tener buqué». Solo tienen buqué los vinos que han pasado por un envejecimiento.

Clases de aromas. Todos estos aromas los encontramos como una amalgama más o menos armónica cuando nos disponemos a oler un vino. Al nivel de cata, se clasifican en diferentes apartados. Es lo que conocemos como «series» o «familias aromáticas»:

SERIE ANIMAL: corresponde a aromas de almizcle, de carne y de caza. A veces, los vinos viejos dan aromas que recuerdan las caballerizas.

SERIE BALSÁMICA: corresponde a los aromas de resinas vegetales, como el pino, el eucalipto, el cedro o el laurel.

SERIE DE MADERA: corresponde a los aromas que provienen de las uvas o derivados de la madera que se utiliza para criar los vinos.

SERIE QUÍMICA: representada por olores a ácido acético, o incluso azufre. En esta serie se encuentran muchos de los defectos del vino.

SERIE ÉSTERES: los ésteres son compuestos químicos que se forman durante la fermentación. Producen aromas a frutas maduras, mantequilla, etc. El olor a pegamento (acetato de etilo) es un defecto que aparece en vinos picados o que están a punto de picarse.

SERIE ESPECIADA: son olores a especias, como el clavo, la vainilla o la pimienta negra, que aparecen en el buqué de los grandes vinos.

SERIE EMPIREUMÁTICA: son olores a quemados, ahumados y cocidos. Por lo general proceden del interior de las barricas donde se cría el vino, pues están quemadas por dentro.

SERIES FLORALES, FRUTALES Y VEGETALES: son más evidentes en los vinos jóvenes que en los viejos. Los olores a rosa, melocotón, piña, limón o heno nos abren un gran abanico aromático.

La rueda de los aromas. Buena parte de los aromas descritos —de las familias aromáticas— quedan resumidos en la rueda de los aromas. La concreción de los términos avanza desde el centro al exterior: en los círculos concéntricos externos encontramos los aromas concretos. Todas estas familias son arbitrarias; por lo tanto, hallaremos bibliografía con diferentes clasificaciones.

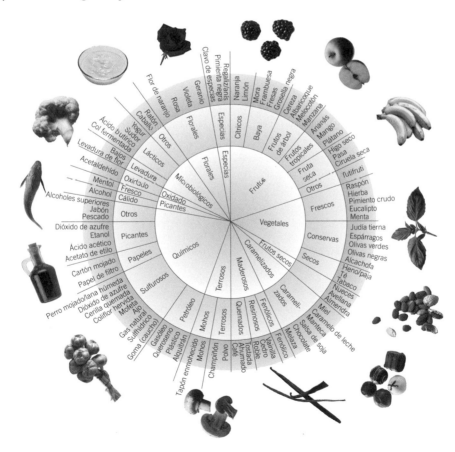

Sabores

Toda la liturgia de la cata busca al final la degustación. Al probar el vino, confirmaremos la información que hemos obtenido por la nariz y los ojos. A la entrada en la boca, el vino desarrolla todo su sabor. El sentido busca el equilibrio, la suavidad y ese posgusto final que nos emociona y nos invita a seguir bebiendo de la copa.

La degustación

Como el olfato, el gusto es un sentido denominado «químico» porque tenemos que degustar el vino para notar su sabor. El sentido del gusto está localizado en la lengua. Los receptores del gusto son las papilas gustativas. El número de sabores que podemos detectar es infinito.

Los gustos primarios. Todos los sabores del vino son el resultado de la combinación de cinco sen-

saciones primarias: dulce, ácido, salado, amargo y umami.

GUSTO DULCE. Habitualmente lo notamos en la punta de la lengua. Es un sabor que nos llena la boca y da una sensación de sedosidad. El sabor dulce, en los vinos, lo proporcionan los azúcares residuales y el alcohol. Así, los vinos tintos con graduaciones alcohólicas elevadas parecen dulces. Este sabor redondea los caldos. Cuando decimos que queremos un vino seco, nos referimos a vinos que no sean dulces. Generalmente, todos los vinos son secos (con un azúcar residual de la fermentación de 2 gramos por litro como máximo); en caso contrario, se debe especificar en la etiqueta con el termino «médium».

SABOR ÁCIDO. En general, lo detectamos en los laterales y bajo la lengua. En vinos con alta acidez, también en las encías. El sabor ácido es debido a los ácidos orgánicos del vino, principalmente, el ácido tartárico. En los vinos blancos este sabor se armoniza con el sabor dulce, haciendo los vinos equilibrados.

GUSTO SALADO. La gran mayoría de personas lo percibe en los bordes de la parte central de la lengua. Es el sabor menos importante en el vino. Los ácidos salificados son salados. Podemos encontrar este sabor en vinos con influencias marítimas, o en los finos y manzanillas de Jerez.

GUSTO AMARGO. Lo notamos en la parte posterior de la lengua. Está provocado por los compuestos fenólicos; principalmente los denominados «taninos». En algunos vinos con un final amargo la sensación que perdura en la boca es desagradable.

GUSTO UMAMI. Es conocido como el «quinto gusto». Vocablo de origen japonés que significa «gustoso» y se refiere a la capacidad que tenemos los humanos para

¿ESCUPIR EL VINO?

Si tenemos que catar varios vinos, es recomendable escupir el caldo para que nuestra boca no quede impregnada con su sabor. Si son pocos vinos y, vamos del más suave al más intenso, no es tan necesario hacerlo.

SABORES El concepto «sabor» es la combinación de gusto más el aroma. Los ingleses lo denominan *flavour*. Por eso, cuando coloquialmente decimos que no notamos gustos cuando estamos constipados, sería más correcto decir que no tenemos sabor o aroma. Ocurre porque tenemos tapada la nariz y no circula el aire desde la boca. Así no percibimos aroma en boca o retronasal.

detectar las proteínas. Parece complicado pero seguro que lo hemos experimentado. Coloquialmente, a veces decimos que a una comida le falta gusto y no quiere decir que esté soso o salado. Por ejemplo, si hacemos un caldo, cuando lo probamos al cabo de una hora para rectificarlo de sal, notamos una sensación acuosa con aroma de verduras. Al cabo de dos horas de hervir, las proteínas han pasado al agua y esta ha adquirido «gusto»... esa es la sensación umami.

Tiempo de reacción distinto. Los diferentes sabores no son percibidos todos a la vez, pues el tiempo de reacción es diferente: el sabor dulce es instantáneo; el ácido, el salado y el umami tienen más tiempo de reacción, y son más duraderos; el gusto amargo tarda más en detectarse, pero es el más persistente.

OTRAS SENSACIONES

Pero no solo notamos las sensaciones primarias en la boca; también detectamos sensaciones secundarias: alcalina (parecida a la insipidez que nos provoca beber agua), astringencia (en argot de degustación, la aspereza), metálica (nos la produce, por ejemplo, un trozo de papel de aluminio en la boca) y eléctrica (es la sensación que tenemos al comprobar si una pila de petaca aún está cargada). Percibimos también el aroma retronasal, así como las sensibilidades táctiles, calórica y dolorosa.

El vino también se «palpa». Las sensaciones táctiles, que se notan en la cavidad bucal, son reacciones con las mucosas. El calor y la causticidad del alcohol se deben al efecto deshidratante de este y a su liposubilidad. La astringencia del tanino la causa la reacción con la proteína de las mucosas. Aunque en prin-

cipio podamos pensar que el sentido del gusto es el más importante en la cata, como disfrutaremos realmente será gracias a los aromas; y junto con estos, la textura del vino será importante para valorar el maridaje de los vinos con la comida.

Sabores desagradables. De los cuatro sabores elementales, tan solo uno es agradable: el dulce. Los otros sabores en estado puro son desagradables y únicamente se soportan si se compensan con los dulces. En el vino, los gustos predominantes son el dulce, el ácido y el amargo; de su equilibrio depende la armonía del caldo.

Degustar y valorar

Al degustar un vino, tenemos que deglutir un sorbo dejándolo resbalar por la lengua para percibir los sabores predominantes. Luego dejaremos unos segundos el caldo en la boca, para calentarlo y notar los aromas retronasales. A continuación escupiremos el vino. Para concluir, definiremos su equilibrio y armonía.

El equilibrio de los vinos

En el mundo, todo tiende al desorden. En el vino, el buen hacer del enólogo busca salvar esa entropía, hallando la armonía. El equilibrio es una impresión de conjunto, un buen final sin impurezas, una confirmación de toda la cata que nos invita a seguir degustando el vino.

En las barricas los vinos se redondean y se eliminan las asperezas, aumentan su complejidad y los polifenoles se estabilizan. Los caldos así criados son más longevos.

LA FASE GUSTATIVA

Cuando degustamos un pequeño sorbo de vino, notamos una evolución del gusto. Se pueden diferenciar tres etapas:

ATAQUE. Es la primera impresión que produce un vino en la boca. Son los primeros 2 o 3 segundos. Generalmente, es una sensación fresca y suave en la que predominan los gustos dulces.

EVOLUCIÓN. Sucede al impregnarse de vino la parte media de la lengua y de la boca. Debemos degus-

tar el vino durante unos 5 segundos buscando el equilibrio gustativo (dulce-ácido) y la textura del caldo. No hace falta barbotear aire, a no ser que busquemos un posible defecto.

FINAL DE BOCA. Valoramos la persistencia gustativa del vino: si dura mucho o no, en la boca.

Tras el final de boca, valoramos la persistencia aromática: el posgusto. Entonces detectamos si el vino tiene aroma retronasal, intentando que el aire que nos queda en la boca pase a la cavidad nasal. Al calentar el vino en la boca, los aromas son más volátiles, por lo tanto, más fácilmente perceptibles.

Lo que hay que valorar. En la fase gustativa valoramos la intensidad, el cuerpo, la armonía y la persistencia del vino:

INTENSIDAD. Es la cantidad de sensación gustativa que sentimos. La detectamos mejor en la evolución del gusto.

CUERPO. Es la sensación táctil producida por el conjunto de todos los componentes del vino. Lo detectamos en la evolución y la persistencia final.

ARMONÍA. Es el resultado del equilibrio entre todos los componentes que configuran el sabor del vino. La detectamos en la evolución y el posgusto.

PERSISTENCIA. Es la duración en la boca del sabor. La detectamos en la impresión final y posgusto.

EQUILIBRIOS

En la fase de evolución, valoramos si el vino tiene un gusto equilibrado o no. Los equilibrios serán diferentes según los vinos. En general sabemos que:

- El sabor dulce aumenta con la presencia del alcohol.
- El sabor amargo y el ácido se refuerzan.

PIRÁMIDE DE BEDEL
La pirámide de Bedel describe los principales adjetivos para analizar gustativamente un vino. La gama escogida estará en función del equilibrio valorado. Para los vinos blancos, el equilibrio es ácido y dulce; para los tintos, los equilibrios son a tres bandas.

debemos describir si es más ácido (fresco, vivo, verde, acídulo) o más dulce (graso, amplio, untuoso).

Catar es cuestión de matiz. En la cata no decimos nada al describir un vino como ácido, porque todos lo son. Hay que describir el nivel de acidez: fresco (acidez suave), verde (acidez más marcada), etc. En los tintos aparecerá, por efecto del tanino, la sensación astringente. Así, describiremos un tinto como «aterciopelado» cuando no tengamos en la boca la sensación astringente, y como «tosco» cuando el tanino sea más marcado. Estos adjetivos se reflejan en la pirámide de Bedel.

Que no te la den con queso

La expresión «Que no te la den con queso» para advertir de un engaño proviene del mundo del vino. Su origen lo encontramos cuando la gente iba a comprar a las bodegas el vino para su consumo diario. En esos tiempos, los caldos tenían que ser suaves y agradables para la comida. Los vinos astringentes no estaban bien valorados. A fin de que todos los caldos fueran sedosos, los bodegueros ponían un plato con queso para degustar.

Sabemos actualmente que la sensación astringente es debida a la sequedad que se produce en la boca al combinarse los taninos y la mucina, proteína de la saliva. Si comemos queso, la caseína (la proteína de la leche) se combina con los taninos. En la boca siempre tenemos saliva, de modo que el vino siempre lo encontraremos suave. Aparte de la picaresca, el maridaje de vinos y quesos es uno de los mejores.

- El sabor dulce compensa los sabores amargos y ácidos (por ejemplo, el azúcar endulza el café y la limonada).
- El sabor dulce y la astringencia se enmascaran.
- El alcohol acentúa la astringencia, pero anula todo el amargor.
- La sal refuerza el sabor dulce.
- El sabor salado refuerza el exceso de acidez, amargor y astringencia.
- El gas carbónico acentúa la acidez y la astringencia, pero disminuye la sensación dulce.

Con estas premisas de interacciones del sabor, en los vinos blancos, buscamos el equilibrio entre el gusto ácido y el dulce. Así pues, en un vino blanco equilibrado, percibimos que el caldo no es ni dulce ni ácido en la etapa de evolución. Si no es equilibrado,

Viticultura y enología

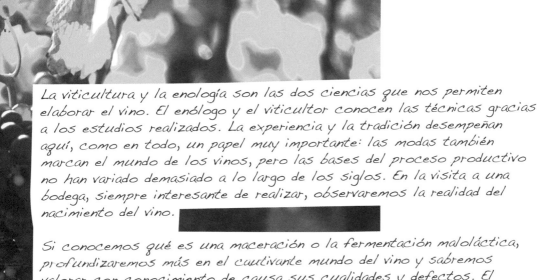

La viticultura y la enología son las dos ciencias que nos permiten elaborar el vino. El enólogo y el viticultor conocen las técnicas gracias a los estudios realizados. La experiencia y la tradición desempeñan aquí, como en todo, un papel muy importante: las modas también marcan el mundo de los vinos, pero las bases del proceso productivo no han variado demasiado a lo largo de los siglos. En la visita a una bodega, siempre interesante de realizar, observaremos la realidad del nacimiento del vino.

Si conocemos qué es una maceración o la fermentación maloláctica, profundizaremos más en el cautivante mundo del vino y sabremos valorar con conocimiento de causa sus cualidades y defectos. El catador o aficionado que conoce cómo se ha elaborado el vino y de qué viñas procede tendrá muchas más pistas para calificarlo. Sabrá qué fragancias podrá percibir o qué equilibrio encontrará. Será como el explorador que, antes de iniciar su viaje, prepara su ruta consultando los planos. Los vinos deben dar la talla en la degustación, aunque su elaboración haya sido muy especial. Conocer las bases de la enología y la viticultura nos permitirá hablar de vinos con más soltura y prever la evolución de todos sus elementos.

Cepas y viticultura

La enredada planta de la vid nos explica su larga historia, una historia marcada por las duras condiciones climáticas. A pesar de todo, cada año al final del verano, la viña produce la uva. Esa uva será la base del vino, un vino que, bien apreciado, nos recordará sus orígenes.

El cultivo de la vid está hondamente arraigado en la cultura y en la historia de los pueblos vitivinícolas.

Una planta milenaria

La viña es, conjuntamente con el trigo y el olivo, uno de los cultivos más antiguos y fundamentales de la historia de la humanidad.

Una planta que son dos. A partir de la plaga de la filoxera, las viñas son plantas injertadas. Las raíces pertenecen al pie americano o portainjertos, resistente a la plaga. La parte aérea —frutos y hojas— es de la variedad vinífera. Los pies americanos tienen nombres tan extraños como SO4, 110-R o Rupestris de Lot; las variedades viníferas son más conocidas: tempranillo, viura, garnacha...

Historia y prehistoria. Su cultivo comenzó hace más de cinco mil años en la parte oriental del mar Negro, en los actuales territorios de Georgia, Armenia y Azerbaiyán. Fue un cultivo progresivo: primero como planta silvestre, y posteriormente domesticada para ser cultivada de una manera estable. En Egipto se produjo vino durante la IV dinastía de los faraones (2500 a.C.); pero quienes realmente expandieron su cultivo fueron los griegos y los romanos, grandes consumidores que incluso adoraron divinidades vínicas, como Dioniso-Baco. En la Edad Media el cultivo se mantuvo gracias a los monjes, que debían elaborar vino para consagrar, pues en las zonas de dominación árabe se habían arrancado los viñedos. Hasta esa época el cultivo era predominantemente mediterráneo. Descubrimientos y grandes viajes comerciales extendieron el viñedo por todo el mundo. Con ello, sin embargo, llegaron las plagas de enfermedades. El principal ataque a las viñas fue la filoxera, que arrasó los viñedos del continente europeo. En el siglo

LA FILOXERA

El pequeño insecto filoxera ataca las raíces de las variedades viníferas. Arrasó las viñas europeas a finales del siglo xix y principios del xx. El problema se solucionó injertando las variedades viníferas sobre el pie americano, resistente a este parásito.

xx se modernizaron las técnicas de cultivo y se optó por una viticultura más extensiva. También se creó la OIV (Organización Mundial de la Viña y el Vino), que se encarga de la coordinación del mercado mundial del vino.

LA VITICULTURA

La viticultura es la ciencia agronómica que estudia todo lo referente a la viña, desde su fisiología hasta su cultivo. El origen de esta ciencia se remonta al Neolítico, cuando la vid dejó de ser silvestre.

La viña, trepadora. La viña es, aparentemente, una planta compuesta por células con raíces que se hunden en el suelo y hojas que se esparcen por el aire. En realidad, es una planta trepadora y arbustiva que el hombre ha conseguido reconducir para que sea sencilla de cultivar. Esta adaptación produce uvas más grandes y más dulces.

¿Enólogos o alquimistas? Para producir grandes vinos se deben conocer a fondo los misterios de la viña. Antiguamente se veía a los enólogos como alquimistas que cogían las uvas y, encerrados en su laboratorio, las transformaban en vino. Esta caricatura no iba tan desencaminada, ya que el enólogo no se interesaba por los viñedos. Hoy en día los grandes vinos se empiezan a «diseñar» en las viñas. La enología actual se basa en el trabajo con uvas equilibradas que produzcan vinos equilibrados: ahí radica la importancia de la viticultura.

EL CICLO ANUAL DE LA VIÑA

Como planta perenne, la viña ocupa el suelo durante cuarenta o cincuenta años. Entra en producción para la elaboración de vino al tercer o cuarto año.

Un ciclo repetitivo. El ciclo comienza en el reposo invernal. La viña, en los meses fríos, queda adormecida, latente, esperando mejores temperaturas primaverales. Cuando estas temperaturas llegan, la viña empieza a brotar. Las sustancias de reserva que tiene la planta se mueven y comienza el ciclo vegetativo. La viña produce sarmientos y hojas. Después de la floración y la fructificación se produce el envero,

cambio de color del grano de verde a amarillo (uvas blancas) o violáceo (uvas tintas). A partir de ese momento, la cepa acumula sustancias de reserva para la maduración de la uva y la brotación del siguiente año. Y vuelta a empezar. Estos ciclos anuales son interdependientes, ya que las condiciones de vegetación a lo largo de un ciclo influyen en los posteriores. La función del viticultor es interaccionar de una manera armoniosa con este ciclo, mediante la poda y los trabajos culturales.

EMPARRADA Y SIN EMPARRAR La viña es una planta trepadora. Por eso se puede cultivar sin emparrar: a la manera tradicional. Se cultiva en vaso o cabeza mimbrera, en la Mancha; o emparrada, con alambres: las más habituales son la poda royat o la guyot. También se cultiva en parrales, emparrada de una forma elevada en las Rias Baixas (Galicia).

La lucha contra el cambio climático

El cambio climático es una realidad. Somos conscientes de su velocidad, pero creemos que aún nos queda tiempo. Los viñedos están sufriendo este embate y los viticultores luchan para minimizar los estragos. Se puede actuar, pero la ola que viene es muy grande.

Efectos sobre el viñedo

Caliente, caliente. Es más que probable que el aumento de la temperatura sea el factor determinante de todo este desastre natural. Aunque no lo queramos oír, en las últimas décadas, la subida de las medias anuales de temperatura es una realidad. Todos los cultivos se resienten y las cepas no se escapan.

Al ser una planta de origen mediterráneo, muchos tipos de uva son resistentes a la sequía (garnacha, cariñena, monastrell, cabernet sauvignon, etc.). Las variedades que se cultivan en latitudes más septentrionales (pinot noir, riesling, etc.), al norte o sur de los dos hemisferios, no lo son tanto.

El calor más intenso hace que las uvas maduren más rápido y que aumente el contenido de azúcares, que está directamente relacionado con el contenido alcohólico de los vinos. A más azúcar, más alcohol.

Por eso vemos que las vendimias se adelantan para que los vinos no sean tan cálidos, pero el equilibrio de todos los componentes de la uva no es tan perfecto.

Ojalá que llueva. Otro de los efectos es el cambio en el régimen de precipitaciones. O llueve mucho o ya no llueve. Las sequías se alargan o se inunda todo.

Viña de merlot en el Pirineo.

Aunque las vides son resistentes, el agua es necesaria para el perfecto desarrollo de la planta.

Si llueve muy poco, los racimos no crecen. Si llueve en demasía, los vinos resultantes quedarán diluidos. También no hay que olvidar los fenómenos tormentosos, a veces acompañados de granizo, que destruyen todo lo que encuentran a su paso.

Nuestra misión como humanidad es intentar frenar este cambio en el clima a nivel planetario. Mientras tanto, algunos viticultores intentan buscar soluciones a este desastre natural.

¿La solución «mágica»? Opciones vinícolas

En busca del frescor. Cuando uno se pregunta: «¿dónde estaré más fresco: a nivel de mar o en una montaña?», la respuesta es clara. Cuando subimos, la temperatura desciende un grado centígrado cada cien metros. Una solución es plantar los nuevos viñedos en altura. Por ejemplo, en España, ya se han plantado y se plantan vides en los Pirineos. La temperatura más fresca hace que las maduraciones sean más largas y, por lo tanto, más equilibradas.

Otra forma es trasladarse a latitudes más septentrionales. En Argentina, se busca el frío de la Patagonia y los productores de la Champaña compran tierras en el sur de Gran Bretaña. En el Reino Unido se extinguió este viñedo en el siglo XVII. En 1945, se recuperó y ahora está viviendo un nuevo desarrollo. Al desplazar los viñedos más al norte o al sur, encontramos climatologías más frías.

Cambio de look. La vid es una planta rastrera. La humanidad la ha domesticado mediante la poda para darle diferentes formas. Por razones de mecanización y mejora de la calidad, se ha optado por empa-

Con la viña emparrada conseguimos una mejor exposición al sol

rrarla. La cepa emparrada puede consumir algo más de agua, pero, sobre todo, está más expuesta al sol. En principio, esto era positivo porque a más superficie foliar, mayor producción de azúcares y mejor calidad de la uva, pero ahora tenemos un exceso de radiación.

Por eso, una de las opciones que se está probando es reconducir las cepas a la poda en vaso. Cada viña sería como un árbol en el que los pámpanos se hacen sombra entre ellos. Así protegemos las uvas del exceso de temperatura.

Lo antiguo está de moda. La recuperación de variedades autóctonas que se habían dejado de cultivar antaño es una realidad. A veces, se hace con el objetivo de descubrir nuevas texturas y nuevas sensaciones gustativas.

Ocurre también que estas antiguas variedades, que son más resistentes a la sequía, pueden tener mejor acidez o resisten mejor las enfermedades. Al recuperarlas producimos vinos más locales y diferentes de los conocidos como «globales».

Si buscamos en nuestra historia, conseguiremos vinos más equilibrados sin alterar demasiado las formas de cultivo.

Viña en vaso, una posible forma de luchar contra el cambio climático.

MENOS ALCOHOL
Desde hace ya muchos años, en California se rebaja la graduación de algunos vinos entre 1 y 2 grados mediante un desalcoholizador. Gracias a esto no son tan cálidos y resultan más fáciles de beber. Así se consigue una mejor maduración de la piel en el viñedo, que después se puede equilibrar en la bodega. Se trata de un proceso muy delicado.

Nuevas técnicas agrícolas

AGRICULTURA SOSTENIBLE Y RESPETUOSA CON EL MEDIO AMBIENTE
Estamos inmersos en el cambio climático. Sabemos sus efectos pero desconocemos su alcance. Nuestras actitudes con el planeta están cambiando. La industria hace tiempo que está controlada... ¿y la agricultura?

Los agricultores responsables han utilizado los productos de síntesis de una forma adecuada; pero otra agricultura es posible.

LOS PRECEDENTES

Las grandes plagas. A finales del siglo XIX, las plagas se extendieron por los viñedos europeos, fruto de los viajes intercontinentales. Aparecieron plagas como la filoxera, el oídio o el mildiu, llegados desde América a Europa. La filoxera se solucionó injertando las varie-dades europeas con vides americanas. El oídio fue vencido mediante el caldo bordelés (a base de sulfato de cobre), y el mildiu con tratamientos a base de azufre.

La revolución química. En la década de 1960, la industria química se encaminó a buscar tratamientos vitícolas efectivos contra las enfermedades criptogámicas (producidas por hongos) y los parásitos. El objetivo primordial era mejorar la cantidad y calidad de las vendimias. Estos tratamientos se utilizan con excelentes resultados, pero ya hace tiempo que algunos viticultores piensan que otra agricultura también es posible.

AGRICULTURA INTEGRADA

Un primer paso. Esta agricultura busca la sostenibilidad reduciendo los tratamientos químicos sobre los viñedos con tratamientos alternativos. De esta forma se busca una planta más equilibrada, más resistente a las plagas. Algunos vinos actuales que aparecen etiquetados con emisión cero CO_2 utilizan estas técnicas agronómicas.

Con la ayuda de insectos. Para abonar las vides se utiliza estiércol y abono verde (en invierno, se siembran gramíneas que se siegan en primavera para aportar nutrientes a la planta). También se utilizan insectos

ALERGIA A LOS SULFITOS Cada vez hay más gente con alergias alimentarias. Una de ellas es a los sulfitos (E220), que son muy utilizados en la industria alimentaria. Los vinos ecológicos y, sobre todo, los biodinámicos y naturales, son los que contienen menos cantidades de sulfuroso.

como las mariquitas para luchar contra otros parásitos perjudiciales, los ácaros. Se vuelven a las prácticas de laboreo pero se continúan utilizando productos químicos en el cultivo.

AGRICULTURA ECOLÓGICA

Una realidad. Hace unos años los productos ecológicos representaban una novedad en el mercado, ahora ya son una realidad. Esta agricultura va más allá. Hubo un tiempo en que la gente creía que los vinos ecológicos eran vinos sin alcohol. En la actualidad, el etiquetaje los diferencia claramente.

Gustativamente no los podemos diferenciar de los convencionales. Lo que sí que debemos tener claro es que son más naturales. Las viñas son más equilibradas y sus uvas tienen menos residuos químicos que no llegan al vino.

Sín química. Por ley, estos vinos se hallan regulados. Lo que es ecológico es la agricultura porque en su elaboración solo se regula el límite máximo de sulfitos, que es menor que en vinos convencionales.

Para el abonado de la tierra se utilizan exclusivamente productos naturales (estiércol y abono verde, gramíneas y leguminosas) y se evitan los fertilizantes químicos. Se eliminan totalmente los herbicidas y pesticidas para luchar contra las plagas, y se vuelve al laboreo y la utilización del azufre y el caldo bordelés como antaño.

Para no tener que recurrir a los tratamientos que impiden la podredumbre de la uva, en primavera, se deshojan las vides para mejorar la aireación y la insolación, evitando la humedad de la uva. Así, los hongos no tienen condiciones tan propicias.

AGRICULTURA BIODINÁMICA

En los últimos tiempos se oye con frecuencia hablar de estos vinos, y de técnicas como un cuerno de vaca enterrado en el suelo.

Dinamizando. La agricultura biodinámica va más allá de la ecológica. No utiliza caldo bordelés y el azufre debe ser de origen volcánico. Se llama «biodinámica» porque los tratamientos de las plantas se dinamizan, es decir, se agitan durante cierto tiempo para aumentar sus virtudes.

Mirando la Luna. Esta técnica vuelve a las plantas medicinales. Para los tratamientos de las vides, se hacen maceraciones de plantas que se entierran en el suelo, en ocasiones dentro de un cuerno de vaca, para que fermenten y extraigan los nutrientes básicos. Para todas estas operaciones y su aplicación al viñedo se siguen las fases lunares y de otros astros.

Más salvajes. En la cata, algunos de estos vinos pueden parecer un poco más rústicos, porque basan su conservación en los componentes naturales del caldo, los polifenoles. Por eso, son los que contienen menos sulfitos. En su degustación, pueden parecer «vinitos», porque no tenemos tanto sulfuroso. Es la misma sensación que beber una cerveza sin alcohol: nos falta el alcohol. No debemos olvidar que los sulfitos son conservantes que se añaden al vino, por eso: cuanto menos, mejor.

Vinos naturales. Son aquellos a los que no se añaden sulfitos. Pueden contener procedentes de la tierra o de la fermentación alcohólica.

El cuerno de vaca

En todos los artículos de vinos biodinámicos aparece esta técnica. Consiste en la fermentación de estiércol de vaca dentro de un cuerno. Se utiliza para el compuesto 500, que se espolvorea en el viñedo.

Las variedades de uva

Las sensaciones que nos produce la cata de un vino son debidas a muchos factores, pero sin duda, entre estos desempeña un papel fundamental la variedad de uva empleada, que marca en gran medida el sabor del vino.

VARIEDAD AUTÓCTONA
La calificación de «variedad autóctona» está reservada a las distintas variedades que tradicionalmente se han cultivado en una zona vinícola. En España, por ejemplo, las principales tintas son tempranillo, garnacha, mazuelo o bobal, y las blancas, viura, xarel·lo o albariño.

LOS AROMAS VARIETALES

Conocer el vino es conocer la materia con la que se ha elaborado: las uvas. Cuando catamos un vino, buscamos aromas determinados. Cada variedad vinífera provoca matices aromáticos diferentes. Estos matices son los llamados «aromas varietales». Conociendo los diferentes tipos de uva y sus aromas tendremos más herramientas para determinar el valor de las fragancias del vino.

TINTAS Y BLANCAS

A las variedades tintas también las llamamos «negras», aunque tengan tonos azulados o morados. Poseen mayor contenido en polifenoles, con aromas frescos cuando los vinos son jóvenes, y aromas más complejos en caldos con evolución. Las variedades blancas son delicadas y exquisitas. En ellas encontramos fragancias inimaginables para una uva. Por lo general, al degustarlas buscamos su juventud, aunque existen ejemplos de buen añejamiento.

Variedades tintas y blancas. Algunas variedades tintas foráneas son cabernet franc, syrah, merlot y pinot noir. Entre las españolas: bobal, mazuelo, gra-ciano, mencía, monastrell, hondarribi beltza, tempranillo o garnacha.

Algunas variedades blancas foráneas son riesling, sauvignon blanc, gewürztraminer y chenin blanc. Entre las autóctonas españolas: airén, albariño, garnacha blanca, godello, malvasía, moscatel, palomino, hondarribi zuri, parellada o verdejo.

VARIEDADES NOBLES

En muchas partes del mundo hallamos las llamadas «variedades nobles». Su expansión se debe a la capacidad de adaptación a las diferentes condiciones climatológicas, a su riqueza en polifenoles y componentes aromáticos.

Por otro lado, las cepas nobles suelen tener granos de uva más pequeños, lo cual implica que la proporción de sustancias que transmiten al vino sea mayor, de suerte que los vinos tintos son más concentrados, con más taninos y antocianos; y los vinos blancos, más aromáticos y consistentes.

VARIEDADES AUTÓCTONAS

En la revolución de la enología española que tuvo lugar en las décadas de 1970 y 1980 se arrancaron viñas viejas de las variedades tradicionales y se plantaron variedades nobles. Actualmente se plantan algunas autóctonas, cultivadas con técnicas modernas, en busca de la calidad. Se ha observado que se adaptan mejor al terreno y producen vinos concentrados. Algunos ejemplos son las garnachas y cariñenas del Priorat, la monastrell en la zona de Alicante o la graciano de La Rioja. El resultado: la mayor tipicidad de los vinos españoles, que se distinguen entre los del resto del mundo.

Variedades de uva

TEMPRANILLO

Origen: España
También se conoce como: cencibel, tinto fino, tinta del país, ull de llebre. En Portugal: tinta roriz y aragonez
Se cultiva en: La Rioja, Ribera del Duero, La Mancha, Penedès, Somontano... Muy extendida en toda la geografía española. También en Argentina y Portugal (para la elaboración del oporto)
Tipo de vino: Produce vinos de color rubí, acidez alta, aptos para la crianza.

GARNACHA

Origen: zona de Levante de la península Ibérica
También se conoce como: grenache, alicante, rivesaltes, moraton, tintorera
Se cultiva en: Galicia, la zona central, Levante, La Rioja, Navarra y Aragón En Francia, en la valle del Ródano y Languedoc-Rosellón
Tipo de vino: Produce vinos ricos en alcohol con gran capacidad oxidativa. Para elaborar vinos de crianza es conveniente hacer cupajes.

CABERNET SAUVIGNON

Origen: Burdeos
También se conoce como: bouchet, burdeos tinto
Se cultiva en: Es una de las variedades más cultivadas en todo el mundo.
Tipo de vino: Produce vinos muy ricos en taninos y deben ser criados. Muy interesante para dar más cuerpo a los cupajes de tintos.

SYRAH O SHIRAZ

Origen: valle del Ródano (Francia)
También se conoce como: hermitage
Se cultiva en: valle del Ródano, Australia y España, sobre todo en Cataluña y La Mancha
Tipo de vino: Da vinos con exquisitas fragancias balsámicas y, en boca, son aterciopelados e intensos. Vinos muy completos.

CABERNET FRANC

Origen: Burdeos o valle del Loira (Francia)
También se conoce como: breton, bouchy
Se cultiva en: valle del Loira, Burdeos. En España: en algunas zonas de Cataluña y Castilla-La Mancha
Tipo de vino: Da vinos con aromas de frutillos negros con toques mentolados. En boca, es elegante y fresco. Variedad de futuro.

CHARDONNAY

Origen: Borgoña
Se cultiva en: Es una de las variedades más cultivadas en todo el mundo.
Tipo de vino: Produce vinos muy aromáticos y sedosos. Con notas de limón y mantequilla. Apto para vinos con crianza y de fermentación en barrica.

MACABEO

Origen: Aragón
También se conoce como: alcañón, macabeu y viura
Se cultiva en: Cataluña (muy extendida por ser base del cava), Aragón, y La Rioja
Tipo de vino: Produce vinos frescos y equilibrados de color amarillo pálido y ácidos con aromas varietales frutales.

SAUVIGNON BLANC

Origen: valle del Loira (Francia)
También se conoce como: blanc fumé, fumé
Se cultiva en: valle del Loira, Burdeos, Nueva Zelanda, Rueda, Penedès
Tipo de vino: Tropical sería el adjetivo que definiría claramente las fragancias de estos vinos. Gran complejidad aromática con toques vegetales. En boca son glicéridos con un buen contenido alcohólico y acidez bien compensada.

Climatología y vino

Al bebernos una botella de vino percibimos el paisaje que lo rodea. Este entorno está influenciado por muchos factores y el clima tiene una gran incidencia en los tipos de vino que encontramos en el mercado.

CLIMA

Cómo calcular las medias. Cuando nos referimos al clima de una zona, hablamos de una serie de valores medios que se han producido en los últimos 25 años. Estas medias registran los datos de:

PLUVIOMETRÍA. Observamos las lluvias anuales expresadas en litros o milímetros por metro cuadrado. Se estudia también el régimen pluvial (cómo se reparten a lo largo del año). Puede ser que estén repartidas o concentradas en determinadas estaciones o meses.

TEMPERATURA. Registramos las temperaturas durante el año. En lo que se refiere a la viña, hablamos de temperaturas activas a partir de los 10 °C. Por eso, la planta empieza a brotar en primavera, cuando las temperaturas son más agradables. La amplitud térmica (la diferencia de temperaturas entre el día y la noche) también es un factor importante en la maduración de las uvas.

LUZ. Calculamos las horas de insolación y de exposición solar. Los lugares con más nubes son mejores, en principio, para la elaboración de vinos blancos que de tintos.

VIENTO. En algunas zonas vinícolas, el viento está muy presente. Si es suave, nos ayuda a secar el ambiente y a que las uvas estén más a salvo del ataque de los hongos. Cuando la brisa se convierte en ventisca, reseca y concentra el contenido en estas, lo que luego se traslada al vino.

MICROCLIMA

En viticultura, hablamos de «microclima» para referirnos a la climatología de una parcela determinada o de una extensión más reducida que el clima. Por ejemplo,

El clima del estado español

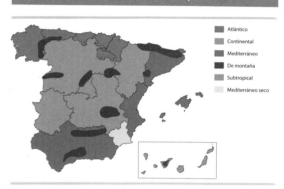

- Atlántico
- Continental
- Mediterráneo
- De montaña
- Subtropical
- Mediterráneo seco

si tenemos dos parcelas, una orientada al norte y la otra al sur, a pesar de pertenecer a un mismo clima, la primera será más fresca y la segunda más cálida en el hemisferio norte (y al contrario en el hemisferio sur, la primera es más cálida y la segunda, más fresca).

PRINCIPALES CLIMAS EN ESPAÑA

Atlántico. Lo encontramos sobre todo en el norte de la península Ibérica, en la cornisa cantábrica. Se caracteriza por la alta pluviometría, baja insolación y temperaturas «templadas». Sobre todo, se elaboran vinos blancos, aunque debido al cambio climático y a las nuevas técnicas agrícolas y enológicas, los tintos empiezan a ser tendencia entre los profesionales.

BLANCOS. Colores claros, de poca intensidad. Aromas suaves, excepto si la variedad es especialmente aromática (albariño). En boca, son suaves y frescos (buena acidez).

DO: Rías Baixas, Ribeiro, los txakolís (Bizkaiko Txakolina, Getariako Txakolina, Arabako Txakolina), Valdeorras, Condado de Huelva y Abona.

TINTOS. Capa baja con colores brillantes. Predominan aromas de frutas negras frescas. En boca, son muy ligeros y presentan buena acidez.

DO: Ribeira Sacra, Bierzo, Navarra, Rioja Alavesa y Rioja Alta.

Continental. Lo situamos en la parte central de la península. La pluviometría es variable, más moderada cuanto más nos acercamos al sur y al Mediterráneo. Lo que realmente caracteriza este clima es la amplitud térmica: diferencia de temperaturas entre día y noche e invierno y verano. Inviernos fríos y veranos calurosos. Temperaturas extremas. Vinos que, sobre todo, se caracterizan por su buen equilibrio entre alcohol y acidez. Ese *«good balance»* que siempre se repite cuando oímos a los ingleses en una cata.

BLANCOS: Colores y aromas intensos. En boca, densos y frescos (buena acidez).

DO: Rueda, Somontano y Navarra.

TINTOS: Vinos de capa media-baja con colores brillantes. Predominan aromas de frutas negras frescas. En boca, son de equilibrio intenso.

DO: Toro, Ribera de Duero, Costers del Segre, La Mancha, Manchuela, Méntrida y Vinos de Madrid (con tintes mediterráneos)

Mediterráneo. Estamos en la zona más cálida de la península. Es el territorio que está cerca del mar Mediterráneo. Se caracteriza por la baja pluviometría, concentrada en primavera y otoño, en ocasiones torrencial. Los veranos son calurosos y los inviernos, suaves. En general, sus vinos tienen buenos niveles de alcohol y baja acidez.

BLANCOS: Colores intensos. Aromas suaves a excepción de moscateles y malvasías. En boca, densos y voluminosos. Muy interesantes para el maridaje.

DO: Terra Alta, Alella, Penedès, Valencia, Alicante, Lanzarote (aunque esté en el Atlántico) y Málaga.

TINTOS: Vinos de capa alta. Aromas de frutas negras maduras o sobremaduras. En boca, son golosos y cálidos.

DO: Empordà, Montsant, Priorat, Jumilla, Pla i Llevant y Yecla.

Viña mediterránea: Mas Martinet Viticultors (Priorat).

Tiempo de uvas

Las variedades de uva se adaptan mejor a un clima que a otro. Por eso, en cada denominación de origen encontramos unas uvas características. Solo reseñamos las uvas autóctonas más representativas. Por suerte, estos últimos años se están recuperando variedades que habían dejado de cultivarse.

	Blancas	Tintas
Mediterráneo	garnacha blanca, xarel·lo, macabeo, moscatel	garnacha tinta, cariñena, monastrell, bobal
Continental	verdejo, airén, albillo	tempranillo (con sus múltiples sinonimias)
Atlántico	albariño, torrontés, hondarribi zuri, godello, loureiro	mencía, listán negro, caíño, brancellao, mencía, sousón

La añada y el terruño

Las condiciones del entorno hacen que la viña se exprese de formas diferentes. Ahí radica la gracia del vino. Un tipo de uva dará matices distintos año tras año y diferentes tipos de vino según su emplazamiento.

Viñedo de la región de Champaña (Francia). Debido a la pluviometría, la densidad de plantación es elevada.

EL TERRUÑO

La parcela donde está plantada la cepa marca las características del vino que elaboremos.

Terroir o terruño. El concepto «terruño» es lo que los franceses denominan *terroir*. Este término se refiere a las condiciones agronómicas concretas de un viñedo. A veces, utilizamos el término «pago». Esta palabra se presta a equívoco porque también puede referirse a una finca con bodega de pequeñas dimensiones, donde se realiza toda la vinificación.

Un buen terruño. Las condiciones agronómicas que caracterizan un terruño son:

DRENAJE. La capacidad del terreno para no retener el agua. Para elaborar vinos concentrados es interesante que exista un buen drenaje del agua.

ORIENTACIÓN DEL TERRENO. Generalmente, las orientaciones sureste son las más favorables en el hemisferio norte. Y en el sur, las orientaciones norte.

ENTORNO DEL VIÑEDO. Si el viñedo está cerca de un río o un lago, el clima se atempera. Al lado de un bosque, queda más resguardado.

ALTITUD DE LA VIÑA. El ambiente será más fresco a mayor altura de la viña.

La suma de estos factores hará que una misma uva plantada en terrenos con condiciones muy distintas produzca vinos igualmente distintos, aunque conserven su parecido por el carácter varietal común.

Viñedos de mención especial. Si las peculiaridades de un viñedo hacen que resulte muy apto para producir grandes vinos, recibe menciones como «Grand Cru» (en Burdeos), para remarcar su carácter especial. Estos pagos tienen condiciones extremas (baja pluviometría y buen drenaje), y en ellos las cepas sufren en algunas partes de su ciclo vegetativo.

Norte y orientación. La especificación de la orientación de la viña es más importante en las zonas vitivinícolas meridionales, con climas más extremos. En Borgoña (Francia), por ejemplo, una parcela orientada al sur, en pendiente y flanqueada por un bosque estará protegida contra los fríos vientos del norte y las heladas de la llanura. En el clima mediterráneo, la orientación resulta menos determinante.

LA AÑADA

Cada año, las condiciones climáticas cambian; así que los vinos, también. Los viticultores del Nuevo Mundo creen que este aspecto es más importante que el terruño. La añada viene marcada en la etiqueta o contraetiqueta de los vinos.

Antigua máquina de sulfatar. Los tratamientos se realizaban manualmente con este artilugio colgado a la espalda del agricultor.

Condicionantes del clima. Las condiciones climáticas dependen de la zona donde estemos situados. Este clima viene determinado por la media de todas las temperaturas, lluvias, insolación, etc. de diferentes años. Así por ejemplo, decimos que el clima mediterráneo tiene escasa pluviometría concentrada en primavera y otoño, con temperaturas templadas en invierno. Cada año se registran unas variables muy semejantes, pero cada año son diferentes.

Buena añada. A las condiciones climáticas concretas de un año las llamamos «añada». Puede haber buenas añadas, añadas excelentes y añadas regulares. Una buena añada tendrá lluvias moderadas, tirando a escasas, bien repartidas a lo largo del año y con buena insolación.

Viñas viejas y equilibrio. Esta expresión, que aparece ya en numerosas etiquetas (en Francia, «Vielles vignes»), se refiere a que las viñas hace tiempo que están plantadas. El tiempo, en todo caso, es relativo: puede que estén plantadas hace 25, 40, 80 o incluso 100 años. Lo relevante es que cada año la viña va acumulando sustancias de reserva. Por eso, la producción de estas viñas es muy equilibrada y concentrada. Las añadas son más regulares, de ahí que sean tan valoradas, aunque su producción de uva sea más escasa. Estas viñas centenarias son espectadoras de la historia de los pueblos y un orgullo para sus viticultores.

AÑADA EN LA ETIQUETA
¡No debemos dudar nunca! La añada que aparece en cualquier etiqueta es el año de la vendimia. En ocasiones, hay la creencia de que es el año que han puesto el vino en la barrica o que, para elaborar un espumoso, han introducido el caldo en la botella para elaborar la segunda fermentación. Esto es falso. La añada siempre es el año de la recolección de la uva.

La vendimia

Antes de vendimiar, debemos controlar la concentración de azúcares y ácidos. En los tintos, también los polifenoles. En función del vino que queramos elaborar, estos niveles pueden ser diferentes. Cuando la uva llega a su punto óptimo de maduración se realiza la vendimia. Esta puede ser manual o mecánica. La vendimia tradicional o manual permite seleccionar mejor los racimos. La vendimia mecánica no es tan selectiva pero es más rápida y, así, toda la uva recogida está en el mismo punto de madurez.

El transporte hacia la bodega debe realizarse en recipientes, donde no se estropee el fruto y llegue lo más entero posible. En la vendimia manual, se transporta en cajas de 10 a 20 kg. En la vendimia mecánica, este se hace en depósitos con gas inerte para que no se oxiden los granos.

Finalmente, muchas bodegas tienen mesas de selección donde separan las uvas que no están suficiente maduras o que tienen granos podridos. De esta forma, se asegura que la uva que se vinifica es la más sana y mejor madurada.

Elaboración de blancos

Los vinos blancos se caracterizan por su ligera coloración. Son vinos muy delicados, algunos de ellos de extremada exquisitez, cuyos aromas, cuando son jóvenes, nos remiten a flores y frutas.

Los depósitos de acero inoxidable aseguran el control de la temperatura y la higiene de las fermentaciones.

LA VINIFICACIÓN

Toda vinificación se divide en diferentes etapas, que en su conjunto permiten transformar el zumo de la uva en vino. Estas etapas varían según el tipo de vinificación. Las diferentes etapas del esquema se detallan a continuación:

Estrujar el alma. Consiste en romper las pieles para desprender el mosto de la pulpa. Este estrujado debe ser muy suave para extraer el alma de la uva, donde se concentra el mosto más ligero con los aromas más elegantes.

Despalillar el raspón. El despalillado permite obtener el grano de uva separándolo del raspón o escobajo, que puede aportar gustos herbáceos y aspereza al mosto. A veces no se realiza, para facilitar el prensado. Estas dos operaciones en vinificación en blanco se pueden obviar y se pone la uva directamente en la prensa.

Prensado y mosto. A la vendimia estrujada y escurrida —o entera— se le extrae el mosto aplicando presión por medios mecánicos. La calidad del mosto estará en función de la presión aplicada y el tipo de prensa utilizado. Según la calidad, diferenciamos entre el mosto flor (procedente del escurrido y del prensado muy suave), el mosto de primeras (obtenido con presiones más intensas) y el mosto de segundas (obtenido con mayores presiones). En los vinos de alta calidad, el mosto flor se utiliza para las primeras marcas de las bodegas.

Deburbado: el mosto limpio. Permite dejar el mosto limpio antes de empezar la fermentación. Se separan las partes sólidas que suelen estar en suspensión en el líquido. Se realiza de una forma estática o mecánica.

Fermentación en depósito. Una vez limpio, el mosto fermenta en depósitos de acero inoxidable a temperatura controlada. La fermentación la realizan las levaduras, que transforman el azúcar del mosto en alcohol y otros productos secundarios. En este proceso se produce gas carbónico, así como un incremento de la temperatura. En los vinos blancos, para que sean aromáticos y frescos, la temperatura de fermentación debe oscilar entre 14 y 16 °C. Tras la

TEMPERATURA CONTROLADA

En algunas contraetiquetas se puede leer: «Fermentado a temperatura controlada». Esto significa que el vino ha sido elaborado en depósitos refrigerados para que la temperatura no aumente. Así se consigue que los caldos sean más aromáticos. En caso contrario el vino pierde aromas y resulta más pesado en la cata.

LAS LÍAS Al finalizar la fermentación, existen partículas que impiden ver la limpidez del vino. Estas partículas se denominan «lías». Algunos caldos se «conservan sobre lías» porque estas partículas contienen gran cantidad de levaduras y aportan más consistencia al vino, otorgándole matices más complejos.

El momento de la vendimia es clave en todo el proceso de la elaboración.

fermentación, los vinos quedan secos, con azúcares residuales. Para obtener vinos dulces o abocados se detiene la fermentación antes de que las levaduras consuman todo el azúcar.

Clarificación: el vino limpio. Clarificar consiste en eliminar todas las partículas que impiden apreciar la limpidez del vino. Para esta operación se utilizan los llamados «clarificantes».

Estabilización y precipitado. Para evitar la formación de precipitados cristalinos naturales (tartratos) dentro de la botella, los vinos se someten a temperaturas inferiores a los 0 °C. Así se consigue que precipiten antes de ser embotellados.

Filtrar para embotellar. Cuando el vino se halla en óptimas condiciones para su conservación, se embo-

tella. Lo más habitual es que antes de ser embotellados los caldos se sometan a filtración.

Crianza en barrica. Algunos vinos se pueden conservar en barricas de madera antes de ser embotellados. Esta crianza enriquecerá su gama aromática con nuevas fragancias. Estos vinos son los «blancos criados en barrica». En el mercado, también encontramos vinos «blancos fermentados en barrica», caldos que no han fermentado en depósitos de acero inoxidable sino en barricas de roble, donde después sufren un proceso de crianza sobre lías.

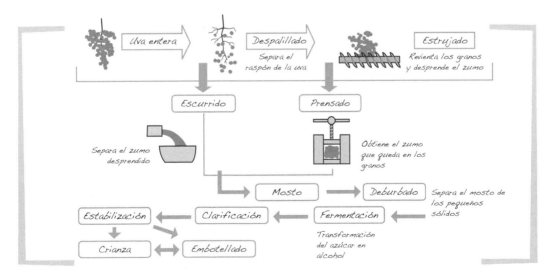

Elaboración de tintos

Los vinos tintos se elaboran a partir de variedades tintas. Su color proviene del hollejo. De la piel de la uva también se extraen otros componentes que hacen del vino tinto un alimento muy completo.

Las hojas de las variedades tintas se vuelven rojizas en otoño.

LA VINIFICACIÓN

Las características principales de los vinos tintos son su coloración y su astringencia. Ambas son transferidas al vino gracias a la maceración de los hollejos con el mosto, es decir, al contacto con las pieles de la uva. La vendimia y el tipo de maceración determinarán la capacidad de envejecimiento del vino. En el esquema de la página siguiente se muestra el proceso de vinificación. Hay etapas comunes a los vinos blancos. A continuación se describen solo las propias de los tintos.

Despalillado. A veces no se realiza, a fin de dar más astringencia al vino. Para ello, el raspón debe estar bien maduro. Esta técnica es habitual en los borgoñas clásicos.

Estrujado. El estrujado de los tintos acostumbra a ser bastante suave.

Maceración-fermentación. Consiste en dejar los hollejos en contacto con el mosto-vino. Esta operación puede coincidir total o parcialmente con la fermentación. Mediante este proceso intentamos extraer dos tipos de componentes de la piel de la uva:

ANTOCIANOS: responsables del color rojo del vino.

TANINOS: dan estructura al vino.

AROMAS: extraer el aroma de fruta de la baya.

El sombrero del vino. Como observamos en el citado esquema, en el depósito de la maceración se forman dos fases: el mosto-vino y, en la parte superior, el sombrero. El sombrero son los hollejos que flotan sobre el vino. Para que se produzca la extracción, habitualmente se realizan remontados con bombeo, que riegan todo el sombrero. Los remontados están en función de la extracción de color, la fruta y taninos que deseemos obtener.

Maceración de jóvenes y crianzas. La maceración será más larga o más corta en función del tipo de vino que se quiera elaborar. Para caldos de guarda, nos interesan vinos más concentrados y más tánicos (con más taninos), por eso las maceraciones serán más lar-

---

AZÚCARES RESIDUALES Son los azúcares que las levaduras no pueden fermentar. Al final de la fermentación, los vinos contienen de 1 a 2 gramos por litro de azúcares residuales. Entonces decimos que el vino es «seco». Podemos tener sensaciones dulces debido al grado alcohólico y por una práctica actual de dejar más azúcar residual para hacer los vinos mas amables, menos astringentes.

gas. Para vinos jóvenes, más redondos y con aromas varietales, la maceración será más corta.

Del vino de prensa al tinto. La operación de sangrado y prensado consiste en separar la parte líquida, vino de yema, del vino obtenido del prensado del sombrero, vino de prensa. Los vinos tintos se elaboran con el vino de yema; aunque si falta consistencia, el enólogo puede añadir algo de vino de prensa, con más cuerpo.

Fermentación maloláctica. Se produce en todos los vinos tintos. Se transforma el ácido málico, más verde y duro, en ácido láctico, más suave. Esta fermentación la realizan las bacterias lácticas. En nuestras latitudes, no se provoca esta fermentación en los vinos blancos, porque quedarían con poca acidez, y en la cata, resultarían blandos y sin alegría. En cambio, en zonas más frías, como la Alsacia francesa o el valle del Rin, en Alemania, sí se realiza, para que los vinos sean más suaves, menos ácidos.

Crianza. La crianza se realiza de forma oxidativa (en la barrica, con oxígeno) o reductiva (en la botella, sin oxígeno). Los vinos en la barrica se estabilizan y se afinan. En la botella, se redondean.

LA MACERACIÓN CARBÓNICA

Esta forma de elaboración de tintos utiliza uvas enteras que se añaden directamente en el depósito. Las células vegetales, al no tener oxígeno, empiezan a fermentar en su interior hasta que revientan. Las vacuolas liberan entonces los aromas que contienen. Al final, la fermentación la realizan las levaduras. Los vinos de maceración carbónica tienen unos aromas característicos de frutos rojos del bosque, lácticos (yogur) y regaliz. El principal ejemplo es el francés Beaujolais Nouveau, que aparece en el mercado la tercera semana de noviembre. Los cosecheros riojanos también se elaboran, parcialmente, con esta técnica; aunque cada vez menos.

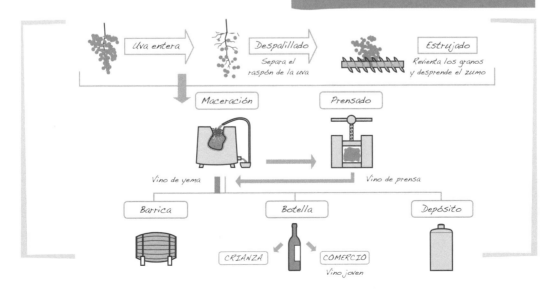

Nuevas vinificaciones, vinos actuales

Los avances enológicos nos permiten concebir nuevos vinos, y con ellos nuevas sensaciones organolépticas que nos los hacen más atractivos. También crean tendencias gustativas que se ponen de moda y que, en ocasiones, pasan con el tiempo.

Levaduras muertas. Al finalizar la fermentación alcohólica, los vinos se conservan con las levaduras muertas, las llamadas «lías». Se dejan macerando con el vino para que le aporten más proteínas. Los caldos son más sedosos y glicéricos (sensación táctil en boca, parecida al beber almíbar). Periódicamente, se van agitando con un bastón para que se mezclen con todo el vino. Muchos caldos de la DO Rías Baixas con uva albariño se elaboran con esta técnica.

Frío, frío. Aparte de utilizar levaduras especializadas que favorecen la aparición de aromas tropicales (mango, guayaba, fruta de la pasión...), la fermentación alcohólica del mosto se realiza a temperaturas muy bajas. A estas temperaturas, se forman aromas muy afrutados y los alcoholes son de baja graduación. El vino resultante es intensamente afrutado y con sensaciones gustativas más ligeras.

Diferentes texturas. Para aumentar la complejidad, en el cupaje (en francés *coupage*) final, se incluyen vinos fermen-tados en diferentes recipientes (acero inoxidable, madera, ánforas de barro...) y distintas técnicas (macerado con lías, elaboración tradicional en blanco). Buscamos otras texturas para conseguir nuevas sensaciones en boca.

En negro

Los vinos tintos tratan de tener más suavidad sin perder la intensidad. Para ello, se buscan nuevos viñedos en diferentes ubicaciones o distintas variedades de uva. También se emplean técnicas para extraer más color, más aromas de la fruta pero sin aumentar su dureza gustativa.

Empezando en frío. Normalmente, los tintos se fermentan a temperaturas más altas que los blancos.

En blanco

Los vinos blancos deben recuperar el espacio perdido ante los tintos. Sin duda, son los vinos del futuro. Vinos que marcarán tendencia. Si quiere hacerse el interesante... diga que a usted le atraen más los blancos, es mucho más *cool*. Los blancos buscan texturas más densas y aromas más complejos.

Al inicio de la maceración de los hollejos, se hace a temperatura más baja. Se conoce como «maceración en frío». Consiste en enfriar el mosto o la vendimia para retrasar la fermentación alcohólica. De esta forma, se extraen más aromas de fruta y más color, evitando que el vino sea demasiado astringente.

Removiendo hollejos. Una tendencia de la elaboración es utilizar el mínimo posible de bombas para transportar el vino. Por ello, la gravedad es un buen aliado y las bodegas se construyen a diferentes niveles: en el superior, la recepción de la uva; en un nivel intermedio, la elaboración, y en el nivel inferior, la crianza.

Otra particularidad es cómo removemos el vino en la maceración de los tintos. Como hemos visto en el capítulo anterior, los vinos se bombean para hacer los remontados. Para evitar esto, se pueden hacer dos cosas:

BAZUQUEO (en francés, que siempre suena mejor, *pigeage*). Consiste en hundir el sombrero de hollejos que está flotando encima del vino. Seguramente, era el método utilizado cuando no existían bombas. De esta forma, respetamos más la estructura del caldo.

DÉLESTAGE (en castellano significa «arrojar», pero se utiliza el término en francés). Consiste en extraer todo el vino del depósito, dejando solo el sombrero.

Barrica sin barrica

En algunos vinos, en lugar de utilizar barrica, se utilizan virutas de madera. Se conocen como «chips». Así conseguimos que el vino tenga los matices aromáticos de madera y ahumados. Lo que no se produce es la oxigenación del tonel.

Este vino se *délestage* por encima del sombrero todo de golpe. Así, se rompe el sombrero y favorecemos la extracción de polifenoles y el color de las pieles. Muchas bodegas españolas utilizan este método.

Oxígeno por los poros. Hasta hace unos años, los vinos tomaban contacto con el oxígeno al ponerse en barrica. Ahora muchos caldos se microoxigenan durante la fermentación alcohólica. De esta forma, se redondean después con más facilidad y los taninos son más amables a la boca. Para ello, se pueden hacer dos cosas:

FERMENTAR EN TINOS DE MADERA. La fermentación alcohólica se realiza en grandes depósitos de madera (tinos) para que el oxígeno penetre a través de ella. La microoxigenación se produce de una forma natural.

COMO LOS ROMANOS. Los vinos se fermentan en ánforas de barro para que se microoxigenen de un modo natural. Los vinos se hacen más redondos. También se utilizan en la vinificación de blancos.

HECHO CON HUEVOS
Algunos vinos blancos se fermentan y conservan sobre las lías en unos grandes huevos de cemento, como los del Museo Dalí de Figueres (Girona). La forma convexa del huevo favorece las corrientes interiores del vino, agitando de una forma natural las lías.

Naturalmente

Una tendencia clara en la enología de hoy en día son los vinos naturales. Algunos no están de acuerdo con este nombre porque da a entender que los otros son artificiales. No obstante, no hace tal cosa, pero no está de más saber de qué hablamos.

FILOSOFÍA NATURAL

Sin sulfitos. Lo primero que deberíamos saber es a qué nos referimos cuando hablamos de «vinos naturales». Son vinos en los que, durante su elaboración, no se han añadido sulfitos.

Esto no quiere decir que el producto final no los contenga, pues la planta absorbe el agua del suelo que contiene azufre y otros elementos, y estos, a su vez, pasan a la uva y al vino. Por eso, siempre encontraremos una determinada cantidad de elementos sulfurados.

Los sulfitos cumplen una función antioxidante en el vino. Si no los añadimos, el caldo será más oxidable, se perderán algunos aromas varietales y cambiará el color. Por eso, debemos acercarnos a los vinos naturales con otra mentalidad.

Según las teorías biodinámicas, los planetas, además de la Luna, influyen en los cultivos.

Con la mirada puesta en el universo. No solo la ausencia de sulfitos diferencia a estos vinos. La gran mayoría de los denominados «naturales» son también biodinámicos (véase capítulo «Nuevas técnicas agrícolas»). Esta viticultura busca el equilibrio en el viñedo y los viticultores y enólogos intentan trasladarlo al vino.

Para ello, consultan los calendarios biodinámicos que siguen el curso de la Luna y los planetas. Después de explicar esto, es posible que muchos crean que estos productores son unos lunáticos. No obstante, piensen por un momento: la Luna incide en los mares y provoca las mareas, así que es posible que tenga algún efecto sobre la savia de las vides o un líquido que está tan vivo como el vino.

Entiendo que despierte cierta incredulidad, pero hace años que este tipo de vinos se elabora y se conserva bien, a pesar de no añadir sulfitos.

En la imagen inferior, se puede ver como se configura el calendario lunar. Para muchas de las operaciones que se hacen en la bodega se buscan los días más propicios para conseguir los vinos que deseamos.

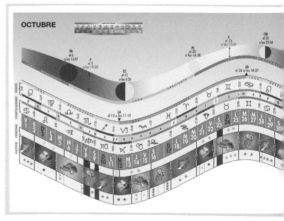

Calendario lunar de Michel Gros.

La maceración protege. Al no contar con la protección del azufre, se busca la autoprotección del vino. Para ello, muchas veces se maceran los mostos con los hollejos, tanto en los tintos como en los blancos. Así extraemos los taninos de la piel, que tienen un efecto antioxidante natural.

En la Conreria d'Scala Dei (Priorat) trabajan con burros para no compactar tanto el terreno.

Al terminar la fermentación alcohólica, el vino se deja en contacto con las levaduras muertas. Estas diluyen sus proteínas en el líquido y, aparte de aportar más textura, también aumentan la protección.

Sin filtros. Finalmente, muchos vinos se embotellan sin filtrar. Algunos quedan transparentes después de una decantación en el depósito. Otros quedan velados o turbios. Eso no quiere decir que sean defectuosos, simplemente son así. Esta turbidez (proteínas) protege el vino de una posible oxidación.

Poca intervención. Algunos profesionales añaden un poquito de sulfuroso en el momento del embotellado. Se conocen como «vinos con poca intervención». Esto se hace porque se trata del momento en el que más se oxida el vino. Es el «gramo del miedo», que dicen algunos enólogos. La verdad es que se trata de una cantidad tan pequeña que casi podemos considerarlos vinos sin sulfitos.

Estilo Mies van der Rohe. Para algunos, el criterio de hacer vinos naturales es no hacer nada. En realidad, detrás de los buenos vinos naturales hay un gran trabajo llevado a cabo por los profesionales que lo elaboran siguiendo la máxima de Ludwig Mies van der Rohe, un prestigioso arquitecto germano-estadounidense de finales del siglo XIX y principios del XX, de «menos es más».

Una cata más natural

¿No les ha pasado que, al beber un vino que hemos consumido muchas veces, hay días en los que está mejor y otros no tanto? Es posible que haya factores personales (estamos más o menos cansados) o del entorno (una reunión familiar o de trabajo) que nos estén influyendo en la cata, pero otro muy importante es la Luna. Si nos fijamos en el calendario lunar de la imagen, podemos observar diferentes tipos de día:

 Fruta: los mejores para la degustación. Los vinos están expresivos en nariz y boca.

 Flor: se expresan mejor en nariz que en boca.

 Vegetal: sobre todo en vinos blancos, aparecen ligeras notas herbáceas.

 Raíz: cuando los vinos están más inexpresivos. No quiere decir que estén malos, pero no presentan demasiados aromas y, en boca, los tintos son más astringentes.

Este calendario funciona tanto para vinos convencionales como ecológicos y biodinámicos. Cuanto menos se haya tratado el vino, más notables serán las diferencias. No quiere decir que los vinos estén malos los días raíz, sino que en los días fruta saben mejor.

Entiendo que, al leer estas líneas, muchos tengan la tentación de cerrar el libro. Permítanme indicar solo un apunte: las grandes distribuidoras de vinos de Londres, una de las ciudades donde se concentra gran parte del negocio vinícola a nivel mundial, buscan los días **fruta** para mostrar los caldos a sus clientes. Yo he tenido la oportunidad de tratar con estas distribuidoras y puedo asegurar que no tienen pinta de brujos. Por eso, animo a todo el mundo a que experimente. Seguro que más de uno «a-luna-cina».

E220 No solo el vino contiene sulfitos. En otros alimentos estos elementos se indican en las etiquetas como por ejemplo E220. La razón por la que esto debe indicarse es que se trata de un alergeno que produce intolerancia a muchas personas. En el caso de los vinos, debe indicarse cuando hay más de 10 miligramos por litro. Muchos de los considerados «naturales» están por debajo de este límite.

Elaboración de espumosos

A veces, los grandes descubrimientos son debidos a grandes casualidades... Los vinos espumosos fueron una de ellas: Dom Pérignon, abad de la Champaña, perfeccionó el método de elaboración de estos alegres vinos.

El rosario de burbujas da a estos vinos belleza y dinamismo.

LOS VINOS ESPUMOSOS

La presencia de gas carbónico en el vino permite diferenciar dos tipos de vinos: los tranquilos y los espumosos.

El origen del carbónico. El gas carbónico es el responsable de las burbujas de estos vinos. Su origen puede ser:

INDUSTRIAL. El vino se satura con anhídrido carbónico de uso industrial. Este «vino gasificado» suele ser de baja calidad. Su símbolo, debajo del tapón, es un triángulo.

NATURAL. El carbónico disuelto proviene de una segunda fermentación en el vino. En este grupo encontramos los vinos de aguja, con una sobrepresión de 1 atmósfera, y los espumosos naturales, con una sobrepresión mínima de 4 atmósferas.

LA SEGUNDA FERMENTACIÓN

Conocemos algunos aspectos del método francés *champenoise* por los anuncios navideños. Pasamos a describir las partes del proceso. En el cuadro se detallan otras formas de elaboración de espumosos.

Tiraje y a cava. Consiste en la operación de embotellado del vino de base. Este vino es un cupaje o mezcla de vinos de diferentes variedades de uva. Para conseguir la toma de espuma (cuando el vino tranquilo se vuelve espumoso), se le añaden al caldo base azúcar (20-24 g/l), levaduras y clarificantes que aglutinarán las levaduras para conseguir la limpidez. Con esta mezcla se introduce en botella que se tapa con un tapón corona (una chapa); algunas bodegas lo hacen con tapón de corcho. Las botellas se bajan a la cava, donde tiene lugar la segunda fermentación, tumbadas y a temperatura constante.

Segunda fermentación. Durante un período de dos o tres meses, las levaduras realizan la fermentación de los azúcares. Dentro de la botella, se llega a una presión de 6 atmósferas y se incrementa el grado alcohólico. Las botellas de espumoso están prepara-

---

EL VINO DE AGUJA Estos vinos blancos y rosados, ligeros y frescos, que presentan una baja proporción de gas carbónico en disolución, se diferencian de los espumosos por su menor presión de gas (como mínimo 1 atmósfera de presión). La sensación chispeante los hace muy fáciles de beber.

(Izq.) Pupitres utilizados para el removido de las botellas de cava. (Dcha.) Degüelle manual en el método champenoise.

Removido. Esta operación permite concentrar los sedimentos (lías) en el cuello de la botella. Tradicionalmente, se realiza en los pupitres de forma manual. Las botellas pasan de una posición horizontal a la vertical, con ligeros cuartos de vuelta diarios. Por último, con la botella boca abajo y los sedimentos en el cuello, tenemos la botella en punta.

Degüelle. Consiste en la eliminación de las lías concentradas en el cuello de la botella. Suelen congelarse para que no se vuelvan a mezclar con el líquido.

Endulzar. Antes de tapar la botella, con el espumoso ya limpio de lías, decidimos su dulzura. Añadiremos el licor de expedición (vino con alta concentración de azúcar) según elaboremos:

- Brut nature: 0-3 gramos por litro.
- Extrabrut: 3-6 gramos por litro.
- Brut: 7-15 gramos por litro.
- Seco: 16-35 gramos por litro.
- Semiseco: 35-50 gramos por litro.
- Dulce: más de 50 gramos por litro.

Luego solo resta tapar la botella y vestirla con la etiqueta. Algunas bodegas tipifican sus espumosos mediante el licor de expedición.

das para resistir una presión muy superior. Para poder valorar mejor esta presión interior de la botella, pensemos que un neumático de automóvil lo hinchamos a unas 2 o 3 atmósferas.

Crianza. Las botellas reposan un tiempo en las cavas para que el carbónico producido se disuelva bien en la masa vínica. Se adquieren los componentes aromáticos típicos de la crianza y levaduras.

Elaboración de espumosos

Los espumosos son vinos blancos o rosados que han sufrido una segunda fermentación. Las distintas formas de elaborar los espumosos se indican mediante un símbolo en la parte inferior del tapón:

• **Método *champenoise* o tradicional.** La segunda fermentación se produce en la misma botella que después saldrá al mercado. Es el método más extendido para espumosos de calidad. Su símbolo es una estrella.

• **Método Gran Vas o Charmat.** La segunda fermentación se produce en grandes depósitos bajo presión. Luego se filtra isobáricamente y se embotella. Muy utilizado en la elaboración del prosecco italiano. Su símbolo es un círculo.

• **Método ancestral.** Fue el primer método para elaborar espumosos en Limoux (al sur de Francia). Cuando el vino está a punto de acabar la primera fermentación, se embotella para que conserve el gas carbónico. No se añade más azúcar. Habitualmente, son ligeramente turbios.

La crianza

El reposo en la oscuridad de las bodegas confiere a los vinos matices especiales. No solo es un tiempo de calma y sosiego, es además un tiempo de profundos cambios que asegurarán la longevidad de los caldos.

LA CRIANZA

La crianza o maduración produce una transformación profunda en el vino. Muchos cambios están relacionados con la presencia o ausencia de oxígeno.

La larga crianza está reservada a los grandes vinos tintos, aunque también se da en los vinos blancos.

Dos formas de crianza. Se distinguen dos tipos de crianza: la crianza en madera y en botella. La crianza en madera se produce en presencia de oxígeno, por eso también se llama «oxidativa». Se realiza en las barricas o toneles. La crianza en botella o en depósito de acero inoxidable, también llamada «reductiva», se produce en ausencia de oxígeno.

EN LA BARRICA

En tiempos antiguos, los toneles sustituyeron a los odres. Eran simples recipientes vinarios, muy eficientes para el transporte del vino. Con el dominio de la técnica enológica, se han convertido en afinadores de vinos robustos y salvajes. En su interior, los vinos adquieren consistencia y estabilidad en el color.

Vinos maderizados. No todos los vinos son aptos para la crianza en barrica, ya que deben tener una estructura interna apropiada para resistir la potencia de la madera. Los vinos con cuerpo tendrán una buena evolución en barrica, mientras que la madera se apropiará de los caldos más delgados, de modo que en

La crianza en barricas aporta taninos y oxidación a los vinos.

la cata se acabará notando el sabor a madera. Si ocurre esto y no aparecen los aromas del vino, decimos que el vino está «maderizado». La virtud del enólogo reside en conocer el momento en que se debe traspasar el vino de la barrica a la botella. Aunque existen datos orientativos, la decisión se basa en la cata.

LA GRAN DECISIÓN

Terminada la fermentación alcohólica, el enólogo decide qué vinos serán aptos para la crianza. Se le abren muchos interrogantes: ¿qué tipo de barricas habrá que usar?, ¿cuántó tiempo estará el vino en su interior?, ¿cómo serán las barricas? Según sean las respuestas, los vinos adquirirán unos matices u otros.

LA CRIANZA BIOLÓGICA

Es la crianza típica de los vinos de Jerez y de otras partes del mundo. Es una crianza bajo velo, o capa formada por levaduras. Los vinos evolucionan conservando el color joven.

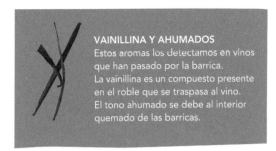

VAINILLINA Y AHUMADOS
Estos aromas los detectamos en vinos que han pasado por la barrica.
La vainillina es un compuesto presente en el roble que se traspasa al vino.
El tono ahumado se debe al interior quemado de las barricas.

Tipos de barrica. Las barricas son de madera de roble, aunque también se construyen de castaño (antiguamente), cerezo, acacia, etc. El roble, material más usual, es de diferentes procedencias:

ROBLE AMERICANO. Aporta menor cantidad de taninos. Por su amplia porosidad, el vino incorpora más rápidamente los tonos de madera.

ROBLE FRANCÉS. Pueden proceder de distintas zonas, como Tronçais, el Lemosín, Allier y Nevers. Menos poroso que el roble americano, preserva mejor el carácter varietal del vino.

OTROS ROBLES. Actualmente en el mercado hay vinos envejecidos en barricas de roble ruso, húngaro, croata. Robles de la misma especie que el roble francés pero que dan al vino distintos matices aromáticos.

Tostar la barrica. Se puede escoger el tostado interior de la barrica. Para su construcción se utiliza fuego a fin de dar la forma característica a las duelas o listones y secarlos. Los toneles tienen distintos niveles de tostado, que puede ser alto, bajo y medio (el más utilizado).

Barrica nueva, barrica vieja. La idea de que las barricas viejas producen buenos vinos es errónea. Las barricas, pasados cinco años, ya no aportan matices característicos, solo lo oxidan un poco. Se convierten en recipientes vinarios. La barrica nueva aporta al vino taninos, tonos ahumados y oxidación. Cuanto más vieja sea la barrica, menos matices ahumados y taninos aportará, y se oxidará más. En la cata se detecta qué tipo de barrica se ha utilizado.

El tiempo de crianza. Los caracteres de madera estarán en función del tiempo de crianza. En el mercado, los términos «crianza», «reserva» y «gran reserva» nos dan idea de ese período. Las denominaciones de origen regulan los tiempos de maduración para reflejarlo en la etiqueta. Cuanto mayor sea su reserva, más longevos serán los vinos.

EN LA BOTELLA

Finalizada la crianza en la barrica, los vinos se embotellan para «redondear». Al extraerlos de la barrica, aún se encuentran por afinar. Si han estado en barricas nuevas, tendrán los taninos más presentes. En la botella, una serie de combinaciones de partículas irán suavizando el vino, convirtiéndolo en un caldo más equilibrado al paladar (sin puntas). Si los vinos han sido criados en barricas de segundo y tercer año, no serán tan astringentes, y tendrán una evolución más rápida en la botella.

Construcción de barricas en el Penedès.

Crianza alternativa

Desde el siglo XIX se ha utilizado la madera para envejecer los vinos, aunque, desde mucho antes, se usaba para transportarlos. Debido a esto, ahora tenemos el paladar acostumbrado a este sabor. ¿Es necesario percibir siempre notas ahumadas y a vainilla, o es preferible que los vinos sepan a vino, sin maquillajes?

MAQUILLAJE LIGNIFICADO

En la península Ibérica y otras regiones del mundo, se ha acostumbrado al consumidor a un gusto excesivo a madera. Para gustos, colores. No obstante, a veces estas notas maderizadas tapan matices vínicos de la uva, que quedan sepultados bajo el «maquillaje» de la vainilla y el roble.

Está claro que somos animales de costumbres. Cuando nos habituamos a un sabor, nos cuesta cambiar. Si durante décadas y siglos vino y madera han seguido caminos paralelos, es difícil que se separen ahora.

En España, por ejemplo, la DOCa Rioja ha basado la clasificación de sus vinos en el tiempo de barrica. Vinos con barricas viejas y tiempos largos de crianza entre 12 y 36 meses. No obstante, en las décadas de 1980 y 1990, Ribera del Duero y los nuevos priorats empezaron a utilizar barricas nuevas. Estas aportan matices más limpios al vino: las notas de banco de iglesia se convierten en aromas de mueble nuevo.

Todos los vinos de cierta categoría se crían en madera. Este es el estilo que marcaron el crítico vinícola Robert Parker y el enólogo Michel Rolland a principios del siglo XXI (ver el documental *Mondovino*), cuando se impuso el estilo bordelés del Pomerol a los vinos de todo el mundo.

Sin embargo, la historia funciona como un péndulo. Antes triunfaban los vinos intensos muy maderizados. Ahora, el consumidor prefiere caldos más suaves.

EN BUSCA DE TEXTURAS MÁS SUAVES

Los vinos necesitan un tiempo de reposo en la bodega para redondear y suavizar su fuerza juvenil. Antiguamente, para domarlo, se utilizaba la madera. Ahora se buscan materiales que redondeen, pero que no marquen demasiado su sabor.

Vidrio. Sí. La fotografía no engaña, son las garrafas de vidrio de toda la vida. Tradicionalmente, se utilizaban para elaborar vinos rancios. Ahora se utilizan para redondearlos. Las «damajuanas», como las llamamos los enólogos, consiguen redondear el vino sin que pierda la fruta. Esos aromas de fruta negra que tanto nos gustan. Al no tener prácticamente oxidación, la evolución es muy lenta y así conseguimos vinos más suaves, pero de gustos intensos.

Damajuanas en la bodega Mas Martinet (DOQ Priorat).

Las ánforas de Celler 9+ (vinos del Baix Gaià) ayudan a redondear los vinos.

Tierra. El mundo de la enología se mueve como la canción del verano: un pasito p'alante, un pasito p'atrás. Por eso, hace unos años se recuperaron las ánforas. No son como las romanas, pero se parecen mucho.

En la DO La Mancha (España) aún encontramos grandes vasijas donde se fermentaban los vinos. Se habían dejado de utilizar y, ahora, también se están recuperando.

Las ánforas son porosas. Si fermentamos o criamos un vino en su interior, se va microoxigenando. Así, los componentes se amalgaman mejor.

Según la cocción del barro, la porosidad aumenta o disminuye (a más calor, menos porosa). Otro factor que influye es el tipo de tierras que se emplean. El enólogo marcará el tiempo de fermentación y reposo. Uno de los riesgos de pasarse es que el vino acabe

presentando gusto a tierra, como cuando bebemos agua de un cántaro de barro, tal y como me explicó Eduard Pié de la bodega Sicus.

Cemento. Se vuelve a recuperar los lagares de cemento. Depósitos que se destruyeron en la década de 1980 para dar paso a los de acero inoxidable, mucho más fáciles de limpiar.

Al igual que sucede con el barro, el cemento es poroso. El acero inoxidable, al no dejar pasar nada de oxígeno, hace que los vinos tengan más aristas al final de la fermentación y, por eso, son más difíciles de redondear. Con el cemento, los vinos quedan más redondos desde el principio y se acomplejan mejor.

Madera. Según la explicación inicial, parece que pongamos una cruz sobre este material. Ni mucho menos. La madera de roble (sobre todo) se sigue y se seguirá utilizando, pero la idea es que su presencia sea una pincelada en el vino. Por eso, cada vez se usan toneles de mayor tamaño para no marcar tanto el vino.

Los toneles ovalados confieren al vino una suave oxidación sin marcar demasiado la madera en el sabor.

En los depósitos de cemento, los vinos «respiran» durante su fermentación y crianza en la bodega Teodoro Ruiz Monje.

PRECIO Y MADERA

El hecho de envejecer el vino en una barrica o tonel incrementa su precio. Como consumidor, justificamos un precio más caro por el hecho de haber pasado por madera. Lo lógico sería pagar más por un vino mejor, no porque tenga más o menos madera.

Sí que es verdad que un vino que ha sido criado en roble se puede guardar durante más tiempo. Pero ¿de verdad queremos esperar tanto para bebérnoslo?

Para que un vino tinto sea excelente, no es necesario que haya envejecido en madera. Ahí lo dejo.

Los polifenoles

Beber vino moderadamente está hoy en día considerado como un hábito muy beneficioso para el organismo. Los responsables de que esto sea así son los polifenoles. Su nombre parece alquimia para el neófito, pero es un término que nos conviene conocer.

La uva tinta concentra gran cantidad de polifenoles.

LOS POLIFENOLES

Estos compuestos fenólicos eran antiguamente conocidos como «materias colorantes» o «materias tánicas». El dominio de los polifenoles es uno de los retos de la enología moderna para elaborar vinos tintos de calidad.

Antocianos, flavonas y taninos. Estas sustancias proporcionan a los vinos su color y parte de su sabor. También explican la gran diferencia gustativa que hay entre los vinos tintos y los blancos. Estas sustancias marcan la evolución de los caldos y su conservación. En el vino encontramos los siguientes tipos de fenoles:

ANTOCIANOS. Son los responsables del color rojo de los tintos. Se encuentran en el vino de una for-

ma libre o bien polimerizados con otras moléculas. La intensidad de color del vino dependerá de su grado de combinación: menos combinados, en los vinos jóvenes y más polimerizados, en los gran reserva. Proceden de la piel de la uva.

FLAVONAS. Responsables de la coloración amarilla de los vinos blancos. Proceden de la piel de la uva.

TANINOS. Son los responsables de la astringencia de los vinos. Proceden de la piel de la uva y del raspón, pero también están presentes en la madera de las barricas.

El conservante del vino. Lo que realmente conserva el vino a lo largo de los años, aparte del azufre (los sulfitos), es su grado de acidez, así como sus taninos. Si se trata de un vino de larga crianza, deberá contener una concentración elevada de taninos. La acidez retardará la evolución del vino; por eso los ácidos vinos bordeleses —de Burdeos— evolucionan más lentamente que los vinos riojanos o mediterráneos.

LA EXTRACCIÓN DE LOS POLIFENOLES

Los polifenoles se concentran en la piel, en las pepitas y en los raspones de la uva. En enología también contamos con los taninos de la barrica.

PALABRAS CLAVE PARA EL ENTENDIDO Cualquier persona que sepa de vinos, al catar un tinto debe dominar el significado de palabras como «astringente» (para referirse al vino áspero), «antocianos» (responsables del color rojo) o «taninos» (responsables de la astringencia). Son términos que han de figurar en el argot de todo buen catador.

Con la maceración pelicular se consigue extraer
los taninos y los antocianos de los hollejos.

La maceración pelicular. En la tradición española, los vinos adquirirían los taninos de la madera, principalmente. En la actualidad se trabaja con la extracción de los polifenoles que contienen los hollejos. La maceración, que mantiene el mosto en contacto con las pieles, extrae en una primera fase los antocianos y, seguidamente, los taninos. Para ello es importante el grado de maduración de los fenoles de la uva. En las uvas suficientemente maduras, los polifenoles estarán mejor dispuestos para ser absorbidos por el vino. La maceración es básica en los vinos tintos, aunque también se realiza en algunos vinos blancos. Estos blancos serán más ricos en flavonas.

Frío y suavidad. La maceración en frío es una técnica moderna para elaborar tintos jóvenes o semicrianzas con mucha capa y mucha fruta, o en léxico de cata: «tintos con aromas de frutos rojos», como frambuesas y fresas. Consiste en macerar a baja temperatura —15-18 °C— en los primeros días de fermentación. Así se consigue mayor extracción de antocianos, que dará vinos con menos dureza, más color y menor contenido en taninos.

Toneles nuevos y viejos. La barrica también aporta taninos. Si la madera es nueva, traspasará más taninos y aromas maderizados al vino. Cuanto más vieja sea la madera, la barrica hará menos tánico el vino

y tendrá más importancia la oxidación. Por eso, en alguna contraetiqueta se indica si el vino ha envejecido en barricas nuevas o de segundo, tercer o cuarto año, si es madera seminueva.

Oxidación en barrica. Los procesos de oxidación (combinación con el oxígeno), a través de los poros de la barrica son también importantes, porque provocan la estabilidad de los polifenoles. El color del vino será más estable si ha sido madurado en un tonel.

POLIFENOLES, ALIMENTOS Y SALUD

El descubrimiento de los polifenoles como fuente de salud surgió de un estudio comparativo entre dos sociedades, que analizaba el número de habitantes con enfermedades cardiovasculares. Estas dos sociedades fueron la norteamericana y la francesa. El dato sorprendente fue que en Francia, donde existe un consumo muy elevado de grasas saturadas —como por ejemplo el queso y la mantequilla, grasas de origen animal—, que en teoría debería provocar en su población gran cantidad de cardiopatías, el número de ataques al corazón era sin embargo menor que en Estados Unidos. Al comparar la alimentación de ambos países se vio que el consumo de vino era la gran diferencia. A este estudio se le llamó la «paradoja francesa». Estudios médicos posteriores observaron que la acción combinada de los polifenoles y el alcohol neutraliza las grasas saturadas. Por eso actualmente muchos médicos recomiendan el consumo diario de un vaso de vino tinto en la dieta.

Elaboración de rosados

Considerados desde siempre vinos comodín, son los que maridamos con los más diferentes platos. Ya se trate de carne o pescado, con un rosado siempre acertaremos... Pero el vino pierde entonces su carácter especial.

NO APTOS PARA ENVEJECER

Los vinos rosados tienen evoluciones muy rápidas cuando están en la botella. Su vida media se puede determinar entre uno y dos años. Algunos claretes o rosados modernos se pueden conservar más tiempo, adquiriendo matices de maduración.

La elaboración

Los vinos rosados se elaboran a partir de variedades de uva tinta, diferenciándose de los blancos por su color.

A partir de uva tinta. Los vinos rosados se pueden elaborar con uvas tintas o mezclando uvas blancas con uvas tintas. Nunca se puede elaborar mezclando vino tinto y vino blanco. En este último punto radica su pérdida de valoración entre los entendidos: antiguamente, los vinos rosados eran el resultado de la mezcla de muchos vinos. Eso los convertía en caldos muy impersonales y difíciles de clasificar. Hoy en día existen rosados que están saliendo de esta atonía y empiezan a ser vinos de prestigio.

Diferentes formas de elaboración. Los rosados son vinos que pueden parecerse tanto a un blanco como a un tinto. Según en qué extremos nos encontremos se elaborará de una forma o de otra. La diferencia residirá en el tiempo de maceración de la uva con los hollejos. En el esquema de vinificación del capítulo dedicado a la «Elaboración de tintos» se ilustra este proceso. Si deseamos elaborar un vino rosado ligero y fresco, el tiempo de maceración será corto: entre 6 y 12 horas para obtener coloraciones muy suaves. Este sería el caso de los rosados típicos de Navarra, elaborados con garnachas, vinos redondos y muy afrutados. Terminada la maceración, sigue la fermentación a temperatura controlada entre 16 y 18 °C. Todo el proceso de estabilización y afinado es similar al de los vinos blancos.

Rosado con cuerpo. En este marco de vinos rosados suaves han surgido nuevos caldos más característicos. Nacen también por la necesidad de elaborar vinos tintos concentrados, con más capa. Estos se hacen con variedades de uva que tradicionalmente se empleaban para los vinos de guarda o reserva. Son los rosados de cabernet sauvignon, merlot, syrah, pinot noir, etc. Las variedades citadas son más colorantes y tánicas que las que habitualmente se utilizaban para los rosados: garnachas y cariñenas. Dan notas aromáticas diferentes: notas herbáceas y lácticas.

Su forma de elaboración es parecida a la de los claretes, pero requieren un poco más de maceración.

Los vinos rosados son sedosos y muy agradables.

color, muy ligeros. La finalización de todo el proceso es análoga a la elaboración del vino blanco. Esta indefinición de elaboración se transmite al producto final. Al adquirir un rosado en la tienda, observando su color sabremos la tendencia seguida en su vinificación.

Vinos de doble capa. Cuando extraemos total o parcialmente el mosto coloreado, los depósitos de fermentación contienen todavía hollejos con color y taninos y vino-mosto coloreado. Si volvemos a añadir el mosto fresco, de vendimia fresca, con nuevos hollejos, conseguimos:

- Aprovechar el color y los taninos existentes de los hollejos del rosado.
- Concentrar el vino tinto, ya que con la misma proporción de mosto, tenemos doble cantidad de hollejos. Es lo que denominamos «vinos tintos de doble capa». La razón de que aparezcan en el mercado vinos rosados modernos es que permiten elaborar vinos tintos con mayor corpulencia.

De color rosa pálido. Otra tendencia son rosados muy pálidos de color. En Francia se denominan «vinos grises». Se elaboran prensando la uva tinta sin macerar. Por eso quedan tan pálidos.

Felicidad. Nunca nos olvidemos de los rosados. Nos dan un placer suave. Imaginemos: de vacaciones, con un arroz, buena compañía, mirando al mar y una botella de rosado fresco... ¡Qué más se puede pedir!

Los intensos claretes. Llamamos «clarete» al vino rosado con colores más intensos. Son vinos que maceran más tiempo con los hollejos. El mosto empieza a fermentar y se arrastra más color de las pieles de las uvas al producirse alcohol.

El alcohol actúa como extractor de sustancias. Por ejemplo, cuando queremos elaborar una colonia, dejamos macerando alcohol con romero o lavanda a fin de que extraiga las sustancias aromáticas. Como resultado tenemos un rosado con más color y más estructura en boca. El término «clarete» también se utiliza para denominar vinos tintos con poca capa de

CON TODO TIPO DE ALIMENTOS Los rosados también tienen ventajas: por su sabor más suave permiten el maridaje con todo tipo de alimentos y manjares. Aparte de combinar perfectamente con fiambres y arroces (paella), nos dejan la boca preparada para la siguiente deglución.

Los generosos: clásicos y actuales

Los vinos generosos han despertado un nuevo interés en todo el mundo. Debido a su carácter dulce, habían dejado de estar de moda. La recuperación de estos vinos ancestrales nos permite encontrarnos con el placer de degustar unas joyas que son patrimonio de la humanidad.

Los vinos generosos son joyas de la historia universal.

GENEROSOS Y FORTIFICADOS

Tradicionalmente, los vinos generosos han sido vinos de postre o de aperitivo. Son vinos dulces y fortificados, es decir, con graduación alcohólica más elevada que los vinos tranquilos. Entre ellos podemos encontrar los vinos más viejos del mundo, aún bebibles en la actualidad.

Nacidos en el mar. Muchos de estos vinos son fruto de la necesidad de transportar los caldos a puntos diferentes de su lugar de elaboración. Los marineros advertían que, debido al movimiento y a su aireación, los vinos no llegaban en condiciones al puerto de destino. Todavía no se conocía la correcta utilización del anhídrido sulfuroso para conservar los vinos. Había

VINOS DE HIELO Los vinos de hielo son una curiosidad del mundo vinícola. Su nombre se debe a que las uvas son recolectadas cuando la vendimia, sobremadurada, está congelada en la cepa. Aprovechan los primeros fríos del final del otoño en latitudes frías. La congelación hace que los vinos sean mucho más aromáticos. Son famosos los eiswein («vino de hielo» en alemán) alsacianos y alemanes.

VINOS ENCABEZADOS

Son vinos encabezados aquellos a los que en algún momento de su elaboración se les añade alcohol. Estos alcoholes son aguardientes u holandas procedentes de la destilación de vino.

vinos que refermentaban o que eran propensos a picarse (se formaba ácido acético, es decir, vinagre). Para combatir este desastre los caldos se encabezaban de modo que llegasen enteros. Esta adición de alcohol hacía que los vinos cambiaran sus condiciones organolépticas. Este es el origen de los vinos de Oporto, caldos muy cotizados a lo largo de la historia, que eran transportados por los barcos ingleses hasta los puertos británicos.

TIPOS DE GENEROSOS

La elaboración de los vinos generosos ha ido modificándose con el paso del tiempo, aunque la base del proceso mantiene los antiguos cánones. Según su forma de elaboración, podemos agruparlos en vinos generosos, vinos dulces naturales y vinos licorosos.

Generosos y mosto inicial. En los vinos generosos la mayor parte de su graduación alcohólica proviene de la fermentación del mosto inicial. Se encabezan entre 13 y 24° de alcohol. La fermentación se detiene cuando se añade el alcohol vínico, ya que las levaduras quedan totalmente inutilizadas. Pueden tener un incremento en la riqueza de azúcares por sobremaduración, por podredumbre noble o por añadir mostos de gran calidad. Finalmente, estos vinos realizan una crianza tanto en barrica como en botella antes de ser consumidos. Entre estos caldos se encuentran los vinos de Jerez, Oporto, rancios, moscateles y mistelas.

Los vinos dulces naturales. Son vinos que proceden de uvas con elevada riqueza en azúcares. No finalizan de forma total la fermentación alcohólica, de suerte que quedan azúcares residuales. La graduación mínima real debe ser de 8 °C, que se obtiene de la fermentación natural del mosto. Destacan los eiswein alemanes y alsacianos, los vinos dulces natu-

rales del sur de Francia (Banyuls, Rivesaltes), los aszú de Tokaji, en Hungría, así como los vinos dulces de Cariñena, Jumilla, Navarra y Alicante, en España.

Los vinos licorosos. Son los caldos más sencillos de elaborar, ya que la legislación solo marca que deben tener una graduación alcohólica total superior a los 17,5 °C. A estos vinos se les puede añadir alcohol y mosto concentrado. Estos nombres a veces son confusos en los escritos vinícolas. En las cartas de vino, cada vez se utiliza más el término «vinos de postre».

En Jerez, las uvas se secan al sol para concentrar los azúcares. Después del prensado, se obtiene un buen Pedro Ximénez.

Apuntes de cata

Ya conocemos nuestros sentidos, su manera de funcionar. Sabemos llegar a las percepciones y entendemos las formas de elaboración y los elementos que forman el vino... Solo nos resta empezar a catar. Cada vino tendrá su ficha de cata, que indicará el estado del vino en el momento en que realicemos la degustación. El apunte podrá ser una descripción positiva o una crítica ácida e inapelable, y además del vino, influirá en él nuestro estado de ánimo. La dificultad del catador reside en su independencia psicológica.

En esta sección del libro exponemos la gran variedad de matices que presentan los vinos. Es posible que percibamos nuevos matices no descritos en estos capítulos: no todo está escrito sobre gustos, y a menudo dependen de las relaciones que se establecen en la memoria de sabores que todos llevamos interiorizada. Sea independiente y no se deje influir: al iniciarnos, los consejos deben ser bien recibidos; pero tras el primer rodaje, si detectamos, por ejemplo, notas de limón no previstas, seguramente estaremos en lo cierto. Entre catadores, habrá que discutir si se trata de lima o limón: esto ayudará a ampliar nuestra capacidad sensitiva. La cata es comunicación y catar en equipo enriquecerá nuestro vocabulario degustador. Comuníquese; aprovéchese de la complicidad que genera el vino.

La cata: describir un vino

Al catar un vino, debemos expresar algo tan personal como las sensaciones. Cada persona siente y percibe de manera distinta. Así las cosas, ponernos de acuerdo en lo que sentimos ante una copa de vino puede resultar «el principio de una hermosa amistad».

Observar, oler y degustar: en cada fase de la cata valoramos el vino en su justo punto.

ESTE VINO ES...

Para describir un vino existe una jerga de cata común para los iniciados, un argot de enófilo. Sin embargo, cada catador aporta su toque personal a ese código. Así, es posible decir que un vino huele a madreselva, si se posee un recuerdo aromático firme de esa hierba. Lo importante es que conozcamos las percepciones para poderlas expresar con una mezcla entre jerga de catador y vocabulario personal.

A CATAR

Para comenzar, llenamos la copa de cata un tercio de su capacidad. El volumen de vino nos debe permitir agitar la copa sin que se derrame. Luego cogemos la copa por su base y nos dejamos invadir por las emociones.

La definición. Según la enciclopedia Larousse, catar consiste en «apreciar mediante el sentido del gusto, el sabor y las cualidades de un alimento sólido o líquido». Básicamente, se trata de degustar con atención el vino y expresar lo que percibimos en un lenguaje específico: el argot de la cata.

De lo general a lo concreto. Siempre es conveniente describir el vino a grandes rasgos al principio, para pasar después a lo concreto. De este modo, los días en que no estemos inspirados hablaremos de «aromas frutales», mientras que cuando tengamos el olfato bien despierto, describiremos el melocotón, el mango, etc.

Los pasos de la cata. El orden de cata de un vino se basa en el movimiento físico natural que realiza la copa desde la mesa hasta la boca. Para resumir lo analizado en la primera parte del libro, veremos ahora, fase por fase, en qué aspectos debemos fijarnos.

La vista es lo primero. El análisis visual consiste en coger la copa y examinar su contenido. Necesitaremos un fondo blanco y buena luz, lo más parecida posible a la natural. Inclinaremos la copa. En el menisco notaremos la limpidez y la intensidad y matiz del color. Agitando la copa, observaremos la fluidez y las lágrimas. La presencia de gas carbónico será indicativa de la juventud del vino. Si es espumoso, analizaremos el perlaje.

El olfato. Seguidamente, a copa parada, oleremos el interior de la copa. Determinaremos su primer aroma (agradable, desagradable, algún aroma irregular) y luego agitaremos la copa con movimiento giratorio: aparecerán nuevos aromas. Advertiremos si el aroma es armónico (conjunto de aromas bien conjuntados) o fino (un único aroma que se repite); analizaremos su intensidad (potencia de los aromas) y su persistencia (el tiempo de duración de los mismos), y finalmente, buscaremos si el vino tiene notas a los diferentes aromas que conocemos, bien de familias aromáticas, bien de aromas concretos.

Y degustar. Tras tomar un pequeño sorbo de vino, lo dejaremos que resbale por la lengua y lo mantendremos algunos segundos en la boca. Valoramos su ataque, la evolución y el final de boca. Una vez expulsado, valoraremos su persistencia en boca y su posgusto. El posgusto largo y agradable de algunos vinos nos invita a seguir degustándolos. Escupirlos o no irá en función del tipo de cata que realicemos o de la cantidad de vinos que vayamos a catar. En una catacena, escupir el vino no será lo más apropiado.

Como un ordenador. Cuando catemos un vino, debemos ir recopilando datos para finalmente dar una valoración final. No debemos avanzar la opinión hasta que no hayamos finalizado todas las fases del análisis sensorial. Debe existir una correlación entre lo que ven los ojos y lo que capta la nariz, y lo que se saborea debe confirmar las impresiones visuales y olfativas; es decir, tiene que existir una armonía entre el color, el aroma y el gusto. La conclusión lógica es el veredicto final.

Catar con oficio. Como catadores deberíamos ser capaces de realizar la cata de un vino que no fuera de nuestro agrado. Por ejemplo, si nos gusta más el vino tinto, al realizar la cata de un blanco debemos saber valorarlo objetivamente. Al fin, con independencia de nuestra valoración, podemos mostrar nuestro gusto subjetivo y decir: «Es un buen vino, pero no es mi estilo».

El vino debe impregnar bien todas las paredes de la copa para que los matices puedan apreciarse mejor.

El vocabulario de la cata

Dependiendo de la situación, nos expresamos de diferentes maneras. Según estemos con nuestros amigos o en una comida de negocios, nuestro lenguaje cambiará, y será más directo o con más florituras. Nuestra expresión de las percepciones del vino dependerá del entorno y del grado de confianza.

LOS TIPOS DE CATA

El vocabulario de la cata es un código, más o menos común, para poner de acuerdo a los comensales de una degustación. Este lenguaje nos permite definir el vino desde diferentes ángulos.

La cata analítica. Es la cata que consiste en «deconstruir» los elementos que componen el vino, relacionándolos con la sustancia química que provoca la sensación. Valora los equilibrios gustativos y el conjunto de los aromas. Es la cata que realizan los enólogos al degustar los vinos en la bodega. Por deformación profesional, los técnicos suelen buscar primero los posibles defectos, para fijarse posteriormente en las virtudes.

Nuestra capacidad para sentir el vino está estrechamente vinculada a la riqueza de nuestro vocabulario enológico: el lenguaje condiciona el pensamiento y los sentidos. Solo podremos hallar los gustos, colores y aromas que sepamos describir con palabras.

La cata hedonista. Aquí es donde entra en juego el placer. Esta cata es la que describe las sensaciones positivas o negativas que el vino nos produce. Superado el rigor analítico, en esta fase podemos dejarnos llevar por las sensaciones y por la imaginación. La cata hedonista la realizan los sumilleres o los amantes del vino. Puede ser muy concreta o muy poética, según el catador. Así, un vino en que se aprecie olor a champiñón o humedad limpia, podemos describirlo diciendo que su olor nos remite a cuando, tras la lluvia, salimos a pasear por el bosque... Dependerá de nuestra seguridad personal, y de la memoria de sabores acumulada en nuestra experiencia.

Las guías de vino. Las guías de vino son obras de referencia para los consumidores de vino. Nos ayudan a movernos entre las infinitas referencias que existen en el mercado. Las puntuaciones debemos tomarlas con suma precaución: al igual que en el cine seleccionamos nuestro «crítico de cabecera», en los vinos tendremos nuestra guía de referencia, que deberá coincidir con nuestros gustos.

¡A CATAR, SIN MIEDO!

Para llegar a expresar lo que sentimos de una manera ortodoxa, tomamos como referencia las descripciones de los vinos de las guías. Después de un corto aprendizaje en una «pista verde», siguiendo la metodología, subiremos de nivel expresándonos con una libertad mayor.

Tabla de descripción

Conocer el vocabulario no solo nos ayuda a describir lo que sentimos, sino también a sentir lo que, sin disponer de este léxico, nos pasaría inadvertido: el lenguaje enriquece el pensamiento. En cada apartado de este cuadro ofrecemos adjetivos para expresar nuestras sensaciones. Son las expresiones más habituales en las descripciones de los vinos.

EXAMEN VISUAL

Color

- **VINOS BLANCOS:** verde, acerado, amarillo limón, amarillo pajizo, amarillo dorado, oro, ámbar, oro viejo, ocre. Ribetes o reflejos: verdosos, dorados.
- **VINOS ROSADOS:** frambuesa, grosella, rosa tierno, rosa pálido, salmón, naranja, piel de cebolla.
- **VINOS TINTOS:** púrpura, violeta, ciruela, cereza picota, granate, rubí, castaño, caoba. Ribetes o reflejos: morados, violetas, teja.
- **INTENSIDAD DEL COLOR:** claro, profundo, intenso. En tintos: capa baja, media o alta.

Limpidez

Cristalino, brillante, límpido, borroso, velado, turbio, opaco con posos o sedimentos.

Fluidez

Ágil en copa, denso, consistente, espeso, viscoso, aceitoso. Comprobación de las lágrimas.

Burbujas

- **TRANQUILO:** nulo, con aguja (pequeñas burbujas).
- **ESPUMOSO:** Perlaje: fino, grueso. Evolución: lento, rápido. Rosarios y corona.

EXAMEN OLFATIVO

Primera impresión

Agradable, desagradable.

Intensidad

Suave, intenso, potente.

Persistencia

Persistente, larga, corta, fugaz, inexistente.

Calidad de los aromas

Familias aromáticas (animal, balsámica, madera, química, ésteres, especiadas, empireumática, florales, frutales, vegetales).

Descripción general del vino

Distinguido, fino, ordinario, basto, desagradable.

Olores anormales

Sulfuroso, huevos podridos o mercaptanos, picado, olor de tapón o tricloroanisol (TCA), requemado, hidrocarburos, oxidado (etanal o acetaldehído).

EXAMEN GUSTATIVO

En ataque

Suave, fresco, plano.

En evolución

- **DULZURA:** generoso, goloso, dulce, seco.
- **ACIDEZ:** Si es excesiva: agresivo, verde, mordaz, nervioso. Si es equilibrada: vivo, fresco, equilibrado, graso. Si le falta: plano, blando.
- **CUERPO:** alcoholes (licoroso, untuoso, caliente, desecante, suficiente, ligero); extracto (denso, carnoso, redondo, lleno, delgado, descarnado); taninos (tánico o rico en taninos, astringente, aterciopelado, amargo, desnudo).
- **INTENSIDAD:** potente, largo, medio, débil, corto.

Final de boca

Corto, largo.

Definición de los taninos

Integrados o no integrados (maduros o secantes).

Posgusto

Definir los aromas en boca que encontramos y la sensación final (austero, agradable, invitante, noble, robusto).

La ficha de cata

Tan importante como sentirlo es recordarlo: a lo largo de nuestra vida, llegamos a probar tantos vinos, que resulta imposible recordarlos todos. Si adquirimos el hábito de anotar nuestras impresiones, podremos echar mano de nuestras notas cuando nos hablen de ese vino.

LA FICHA DE CATA

Los apuntes de cata serán distintos según su finalidad. Si estamos en un concurso, las notas serán estándar, y a menudo consistirán en una simple puntuación. Si son para nuestro uso particular, serán mucho más expresivas.

En un concurso. En un concurso de vinos los jurados están formados por diferentes especialistas: enólogos, sumilleres, comerciantes de vino, periodistas de temas vitícolas... Todos siguen una ficha de cata como la de la siguiente página, lo bastante amplia para registrar las puntuaciones y las anotaciones personales.

Muy personal. Nuestra agenda de anotaciones es diferente. Podemos describir los vinos y señalar lo que nos gusta o no del vino degustado. Es importante crearnos un código personal para recordar los vinos. Incluso ponerles una puntuación para valorarlo. También podemos adoptar la ficha de cata oficial de la Unión Internacional de Enólogos.

UNA CATA ESTÁNDAR

El lenguaje de la cata está pensado para reconocer las cualidades de los vinos sin probarlos. El dominio de este código nos aporta seguridad al catar ante la presencia de otros comensales de diferente nivel.

Una nota de cata. Para utilizar los términos expuestos en el capítulo anterior, tomemos un vino cualquiera, por ejemplo, un blanco joven del Penedès. Nos lo servimos en la copa y empezamos a describirlo. En la tabla deberemos marcar lo que nos parezca de cada punto. Poco a poco se irá construyendo la descripción.

Podríamos definir el vino catado del modo siguiente: «color acerado con ribetes verdosos, claro, brillan-

VINOS A CONCURSO En muchas aulas de cata se usan fichas como esta, inspirada en la ficha oficial de la Unión Internacional de Enólogos, que se utiliza en los concursos de cata. La ficha está diseñada para valorar numéricamente cada uno de los aspectos que influyen en la calidad de un vino, descritos en cada casilla. Los vinos que alcanzan mayor puntuación son los premiados.

te, ágil en copa con un poco de aguja; en nariz es agradable, intenso, poco persistente (o corto), fino, con notas frutales de manzana ácida, piña y cítricos; en boca lo encontramos con entrada suave y fresco a su paso por el paladar, ligero, largo y con final de boca corto; posgusto agradable con notas cítricas». La nota transcrita sería el resultado de una cata muy completa. Repitiendo este mismo ejercicio con distintos vinos podemos llegar a generar una base de datos propia que nos permita describir infinidad de caldos.

NOTAS DE CATA PARECIDAS

Si leemos una guía de vinos y nos fijamos en las descripciones, veremos que muchas coinciden, son semejantes. Los vinos se parecen por las modas. Por ejemplo, muchos caldos actuales son de «color rojo cereza picota». La gracia de las anotaciones es saber expresar sus diferencias: una tarea complicada incluso para los expertos.

SESIÓN	MUESTRA	AÑO	VINO Y SUBZONA
FECHA		HORA	

DEGUSTADOR

TIPO DE VINO
DOC ☐ DO ☐
VINO DE LA TIERRA ☐
VINO DE MESA ☐
VINO DE PAGO (VP) ☐
VINO DE MESA (VC) ☐

De 100 a 86 puntos = Excelente
De 86 a 73,5 puntos = Muy bueno
De 73,5 a 60 puntos = Bueno
De 60 a 46,5 puntos = Correcto
De 46,5 a 24 puntos = Mediocre
De 24 a 0 puntos = Negativo

			EXCELENTE	MUY BUENO	BUENO	CORRECTO	INCORRECTO	MEDIOCRE	NEGATIVO
VISTA		Fluidez	4	3	2,5	2	1,5	1	0
		Nitidez	8	7	6	4	2	1	0
	Color	Matiz	4	3	2,5	2	1,5	1	0
		Intensidad	4	3	2,5	2	1,5	1	0
OLFATO		Franqueza	8	7	6	5	4	2	0
		Intensidad	8	7	6	5	4	2	0
		Armonía	8	7	6	5	4	2	0
		Finura	8	7	6	5	4	2	0
GUSTO		Franqueza	8	7	6	5	4	2	0
		Intensidad	8	7	6	5	4	2	0
		Cuerpo	8	7	6	5	4	2	0
		Armonía	8	7	6	5	4	2	0
		Persistencia	8	7	6	5	4	2	0
		Sensación final	8	7	6	5	4	2	0

NATURALEZA DE LOS DEFECTOS

OBSERVACIONES

TOTALES PARCIALES

TOTAL

Organizar una cata

In vino veritas... Desde siempre, el vino es un excelente vehículo de comunicación, una buena excusa para reunirse alrededor de una mesa. Empezar hablando de vinos y acabar dialogando acerca de la vida.

Copas limpias y mesa con mínimo adorno son la base para no distraer la atención que debemos prestar a lo esencial en una sesión de cata: el vino.

EL LUGAR IDEAL

Para obtener resultados óptimos, la cata de vinos requiere de cierta ceremonia. La luz, el ambiente, las copas, el momento... son elementos de esa liturgia.

La luz. Los vinos pueden ser catados en múltiples espacios. Hay situaciones ideales en que se apreciarán mucho mejor. La sala donde organicemos la cata debe estar bien iluminada. La luz ha de ser lo más parecida a la natural o, en su defecto, blanca. La luz de fluorescente modifica las gamas cromáticas de los vinos.

El ambiente. La temperatura ideal oscila entre 18 y 20 °C, pues ayuda a crear un ambiente agradable que nos hace sentirnos cómodos. Nuestro cuerpo podrá ocuparse solo de buscar los matices vínicos. La habitación tiene que estar bien ventilada y no enrarecida con olores de tabaco, comida, perfumes o ambientadores. Un mantel blanco y las copas serán la decoración ideal, para no distraer la atención.

Copas correctas. Es recomendable no lavar con jabón las copas de cata, al menos en su interior, pues los posibles restos de detergente dañarían las características organolépticas. Por eso, es mejor lavarlas solo por la parte exterior y la parte que toca los labios. Antes de empezar, debemos oler las copas por si detectamos algún aroma anormal: cartón (si han estado guardadas en una caja), humedad, agua estancada, etc. Si notamos mal olor, podemos agitar al aire la copa vacía para tratar de hacerlo desaparecer. Si no

ENVINAR Consiste en añadir una pequeña cantidad de vino en la copa y pasarlo por todas sus paredes. Lo desechamos y, seguidamente, servimos el mismo vino. Con esta operación, conseguimos que la copa huela al vino que degustaremos.

lo logramos, cambiaremos de copa. Para estar seguros, tendremos que envinar la copa del vino que vayamos a catar.

Entre vino y vino. Aparte de las copas y de un recipiente para escupir, dependiendo del tipo de cata que realicemos, será preciso un poco de pan y agua. La miga de pan y el agua limpian la boca entre tomas. También se pueden utilizar nueces, pero existe el peligro de que una salga amarga. En tal caso, tendríamos serios problemas para seguir el resto de la cata.

El momento perfecto. Las mejores horas para catar son las anteriores a las principales comidas del día, el almuerzo y la cena, pues es cuando nuestros órganos sensitivos se encuentran más despiertos y receptivos, así como más limpios de aromas de comidas anteriores. La hora ideal es hacia las 12 de la mañana, período en que nuestro cuerpo está menos fatigado. El cansancio influye en la cata de una manera determinante. Antes de la cena también es un buen momento. Aunque para catar es mejor no comer, en el ágape posterior podemos comparar nuestras sensaciones. Un vino astringente podría resultar incluso suave maridado con un buen estofado de jabalí.

Los vinos

La elección de los vinos dependerá de los comensales. El nivel de los caldos debe estar en consonancia con las experiencias anteriores.

La cata horizontal. Se llama así la cata que realizamos con vinos de una misma denominación de origen y de una misma añada. Esta cata nos sirve para conocer los vinos de una determinada comarca. Así podremos reconocer los rasgos de una denominación de origen cuando volvamos a catar uno de sus vinos.

La cata horizontal, es decir, la de varios vinos de una misma añada, nos permite conocer los vinos de una denominación de origen; mientras que mediante la cata vertical, de varias añadas de un mismo vino, aprendemos las señas de una bodega.

La cata vertical. Se trata de catar vinos de un mismo elaborador, pero de diferentes añadas. De esta manera podemos conocer la progresión del productor y la evolución de sus vinos.

El orden de los vinos. Las catas suelen ser una mezcla de las dos citadas. Al organizar una cata, querremos degustar una serie de vinos por razones diversas: marca, recomendaciones, etc. En tales casos conviene recordar lo siguiente:

- Los espumosos son los primeros que deben ser catados, a excepción de los espumosos rosados, que serán catados después de los blancos.
- Los vinos blancos se degustan antes que los rosados y los tintos.
- Los vinos se servirán por orden de añada: primero, los jóvenes; después, los añejos.
- Se empezará la cata por los vinos más ligeros y suaves, para acabar con los más consistentes, aunque no cumplan las normas anteriores.

El descorche y las copas

En torno al vino se reúnen una serie de elementos esenciales para el ceremonial, para que tenga éxito la puesta en escena: desde la mesa al tapón de corcho, pasando por la botella, el sacacorchos, las copas... todo dispuesto para garantizar el mayor disfrute de la cata.

 Existen en el mercado diferentes tipos de sacacorchos. Algunos muy prácticos, otros... espectaculares.

DESCORCHAR UNA BOTELLA

Con el aumento del consumo de vinos de calidad, el *merchandising* vínico ha llegado a las enotecas. Aparecen cantidad de artilugios para los aficionados: numerosas buenas ideas para regalar.

Los sacacorchos. Encontramos múltiples sacacorchos para descorchar una botella. Algunos son muy prácticos, otros son simplemente espectaculares. Los «sacacorchos de dos tiempos», muy prácticos, han desbancado a los típicos sacacorchos llamados «de camarero». El objetivo principal: extraer el tapón de la manera más limpia posible.

Los cortacápsulas. Estos artilugios sirven para cortar la cápsula y dejar al descubierto el tapón de corcho. Generalmente la cortan por encima del gollete, sin embargo, es mejor desprender la cápsula por debajo del mismo. Esta operación es preferible realizarla con el cortante que incorpora el sacacorchos.

SI SE NOS ROMPE EL TAPÓN...

En caso de que el tapón se parta al intentar extraerlo, intente recuperarlo de manera elegante con un sacacorchos tradicional o con uno de láminas. Si no tiene éxito, hunda el tapón y trasvase el vino a otra botella o a un decantador.

LAS COPAS

Si muchos años atrás nos hubieran preguntado qué copas son las que se deben emplear en una cata, sin asomo de pedantería habríamos contestado que las copas Afnor. Hoy en día, en cambio, existen múltiples posibilidades de elección.

Una copa para cada vino. Para escoger la copa ideal, debemos saber el vino que cataremos. Cuanto más fino sea el cristal, más disfrutaremos de la degustación, sin distraernos. En general, las copas mayores serán para los vinos tintos, y para los blancos, más pequeñas. La norma es: los vinos necesitan una buena oxigenación, así que la copa deberá ser mayor cuanto más concentrado sea el caldo. Vinos más delicados con aromas más suaves necesitarán copas de menor capacidad para apreciarlos mejor. La experiencia nos marcará la copa que debemos escoger. Para los espumosos, la copa debe ser larga, que permita apreciar el perlaje. En los espumosos con crianza es mejor la copa que utilizamos para los blancos.

COPA DE AGUA... Y DE VINO

En algunos restaurantes, e incluso en nuestros hogares, la copa de vino es muy pequeña. Vierta el tinto en la copa de agua: al tener más volumen, lo disfrutará más.

Llenado de la copa. Cuando catemos, debemos llenar la copa un tercio de su capacidad. Ello nos permitirá agitarla sin derramar líquido, tumbarla y apreciar el menisco en toda su intensidad. En los vinos tintos esta operación es fundamental para observar los matices; en los vinos blancos no es tan importante.

Otros elementos. En una degustación, debemos tener algún recipiente para escupir o echar el vino

Los pasos del descorche

1. Cortamos la cápsula con el cortante del sacacorchos o un cuchillo, siempre por debajo del gollete. De esta manera se consigue que los posibles restos de moho de la cápsula no tengan contacto con el vino. Con todo, es esta una cuestión controvertida: hay sumilleres que prefieren extraer toda la cápsula. A menudo, realizarlo de una forma u otra se convierte en un posicionamiento estético.
2. Limpiamos el gollete y la parte superior del tapón con un trapo limpio. La presencia de moho puede ser debida al almacenamiento o también a un resto de humedad en el taponado. El moho está más presente en botellas añejas.
3. Introducimos el sacacorchos por el centro del tapón. Enroscamos el sacacorchos, nunca la botella. El sacacorchos no debe agujerear el tapón, porque podrían caer restos de corcho en el vino. Extraemos lentamente el tapón, con un solo movimiento. Olemos el tapón y servimos el vino en las copas adecuadas. El tapón debe oler a corcho o a vino, nunca a humedad u otros aromas.

que no nos bebemos. En las vinotecas podemos encontrar recipientes con formas curiosas. Una cubitera también nos servirá. Lo más profesional es adquirir unos pequeños «cuencos» agujereados que se colocan en la parte superior de la cubitera para no ver el interior: eso sería perfecto.

¿Cuál es el mejor tamaño? El tamaño de la copa dependerá del tipo de vino que catemos. La primera copa de la fotografía será para vinos tintos muy concentrados; la segunda, flauta, es ideal para apreciar el perlaje de los espumosos; la tercera es la indicada para vinos blancos; mientras que la última la utilizaremos para catar blancos fermentados en barrica. Probemos el vino en las copas que tengamos en casa. Seguro que encontraremos una en que el vino se expresará mejor olfativa y gustativamente.

La cata de blancos

Los vinos blancos son delicados y perfumados. Rescatan los aires frescos y refrescantes de las uvas, y evolucionan vistiéndose con toques de confituras y ahumados. Melosos y suaves, son baluartes de la finura.

LA MODA DE LOS BLANCOS

Actualmente, los vinos blancos jóvenes que tomamos tienen que ser frescos, ligeros, aromáticos. Las técnicas enológicas de hoy día permiten elaborarlos así. Pero no podemos perder de vista que la tendencia expuesta no es más que una moda: diez o veinte años atrás la opción era otra y los blancos eran más dorados. En la cata debemos tener los sentidos abiertos a nuevas sensaciones, que no han de ser peores solo por ser desconocidas.

LA VISTA

Según el proceso de elaboración seguido, los colores de los vinos serán oxidados, dorados o verdosos.

El color. La gama de colores va desde el amarillo pálido verdoso, color de juventud, hasta los dorados de los vinos viejos o criados en madera, y acaba en tonos maderizados, que solo se admiten en vinos generosos muy viejos. La evolución del color de los blancos se debe a la oxidación progresiva de los constituyentes del color —las flavonas—, que van oscureciéndose y perdiendo su joven brillantez.

Reflejos y brillantez. Los reflejos y su brillantez denotarán la edad del vino: reflejos verdosos y vinos brillantes indicarán juventud; reflejos dorados y tonos apagados, añejamiento. En las fotografías se pueden apreciar las diferentes tonalidades de los vinos que encontramos en las vinotecas. Del más joven al más añejo, la gama cromática es esta: color de cera (acerado), amarillo pálido, amarillo limón, amarillo pajizo, amarillo dorado, oro, ámbar, oro viejo, ocre. A esta gama podemos añadirle colores de acuñación propia.

EL OLFATO

Los aromas delicados son más propios de los vinos blancos, tanto por concepto como por las virtudes de las variedades. Es imposible que la vinificación de la uva blanca logre la concentración de la tinta.

Los colores del blanco

La copa de la izquierda pertenece a un vino blanco nuevo, como se aprecia por su color de cera, con reflejos verdosos. La del centro contiene vino joven, de color amarillo pálido, también con reflejos verdosos. El vino de la derecha, más maduro, está fermentado en barrica y por eso su tonalidad de amarillo pajizo es más intensa, y los reflejos, más dorados.

Manzana ácida, frutos tropicales y flores se cuentan entre los aromas más habituales en los blancos jóvenes.

UN BLANCO SECO Pedir un blanco seco es una redundancia. Si queremos quedar como expertos, nos equivocamos: todos los blancos son secos (sin azúcares residuales de fermentación), a no ser que la etiqueta especifique lo contrario con el término «médium» o «abocado». El azúcar residual, además de dulzura, aporta sensación de sedosidad a los vinos.

Los aromas. Los aromas son relativamente intensos. Recuerdan a fruta, flores y hierbas. Son propios del tipo de variedades utilizado en la elaboración. Algunos se reconocen perfectamente, como el aroma de moscatel. También se aprecian aromas secundarios (véase capítulo «La rueda de los aromas»), aromas mantecosos o de frutas muy maduras, como el plátano o la manzana. Cuando catamos blancos jóvenes, su aroma nos remite a productos perecederos. En los vinos blancos «criados sobre lías» y en los «fermentados en barrica», además de los aromas anteriores se reconocen aromas de madera, ahumados, compotas y frutas más maduras. A continuación exponemos algunos de los aromas que podemos encontrar.

Aromas jóvenes. Los aromas jóvenes más fáciles de encontrar son los de frutas (cítricos, tropicales como piña, mango, plátano y lichis, fruta blanca como manzana, pera, melocotón y albaricoque), los florales (rosas, nardos, romero, azahar) y los vegetales (hierba fresca, heno cortado, menta, flor de viña).

Evolución. Son los aromas de los vinos criados en madera y/o sobre lías. Los más habituales son los de flores (flor seca, manzanilla, infusiones), frutas maduras, frutos secos (avellana, almendra), confitería, compotas, mermeladas, miel, pastelería, madera (roble, madera verde), empireumáticos (ahumado, tostado, quemado) y balsámicos (eucalipto, resina).

EL GUSTO

El frescor y la suavidad son las características principales de los vinos blancos.

El equilibrio. Esquematizando al máximo, los vinos jóvenes se caracterizan por el antagonismo de dos gustos: dulce y ácido. El primero lo aportan el alcohol y los azúcares residuales; el segundo, los ácidos del vino. El equilibrio de estos componentes da el carácter a los blancos. En general, los vinos blancos jóvenes acostumbran a ser ligeramente ácidos y secos, de donde procede su sensación de frescor. Al catar un blanco debemos expresar si es más o menos ácido con las expresiones que vimos en el capítulo «El vocabulario de la cata». Los vinos blancos con crianza son más equilibrados y sedosos en boca, con un posgusto más largo.

Glicérico. Es una tendencia gustativa de los vinos blancos. Se refiere a la misma sensación gustativa que nos provoca beber almíbar, esa textura sedosa (no por el dulzor). Muchos vinos blancos buscan esta aptitud en boca.

¿CONSUMIRLOS EN EL AÑO?
Los vinos blancos jóvenes se recomienda consumirlos entre los 12 y los 18 meses después de haber sido embotellados. Algunos vinos pueden conservar sus aptitudes pasado ese período, si han sido bien elaborados, sin drásticas filtraciones y clarificaciones.

EQUILIBRADO
FRESCO · FUNDIDO
VIVO · LIGERO
NERVIOSO · GRASO UNTUOSO · PASTOSO
ÁCIDO · DULCE

La cata de rosados

La neutralidad ha sido la principal característica para los vinos rosados. Entre el tinto y el blanco existe un espacio demasiado indefinido para los diferentes paladares... Los rosados son «vinos comodín» que quieren recuperar el espacio de los vinos deseados.

La vista

Los rosados tienen muchos matices, ya que adquieren su coloración a través de los hollejos. Según el tipo de rosado que catemos, con tendencia al tinto o al blanco, las diferencias serán evidentes.

Rosados clásicos, rosados modernos. Los rosados clásicos tienen colores más suaves a cereza, salmón y rosa, unos colores que en evolución pronto generan tonalidades anaranjadas y de piel de cebolla. Algunos rosados más intensos se elaboran con variedades de pinot noir, cabernet sauvignon, merlot, garnacha, cariñena y tempranillo entre otras, que dan colores más intensos con tonalidades rojizas y violáceas, de frambuesa. Sus evoluciones en botella son más lentas.

Los más recientes son rosados pálidos. Colores que recuerdan a las rosas de color rosa. Colores sutiles que los hacen muy *cool*.

Colores rosados. Los colores de los rosados son frambuesa, rosa pálido, rosa tierno, ojo de perdiz —rosado muy tenue—, salmón, piel de albaricoque, naranja y piel de cebolla.

El olfato

Los aromas jóvenes son más complejos que los de los vinos blancos, aunque tienen semejanzas. No todos los rosados muestran matices claros.

Los aromas. Las fragancias de estos vinos se asemejan a las de los blancos. Cuando son elaborados

Matices del rosado

Los colores de los vinos rosados dependen de su forma de elaboración. La fotografía de la izquierda muestra el color de un rosado tradicional, rosa pálido con matices anaranjados. Los colores de los rosados van del cereza al rosa tierno. La imagen de la derecha pertenece a un rosado intenso, color frambuesa, de aspecto brillante y elaborado de manera no tradicional. En la cata de rosados más intensos, podemos diferenciar sus reflejos púrpura o violáceos. En los más clásicos, las tonalidades anaranjadas.

con variedades tradicionales dan notas a frutas (fresones, melocotón, albaricoque), caramelo ácido, lácticos (yogur, leche), confitería (cerezas confitadas, miel) y florales (violeta, rosas). Cuando aparecen las variedades nobles, aparecen los aromas de frutos más rojos (frambuesas), frutas exóticas, frutas ácidas (manzana) y vegetales (raspón de uva). En el caso de los vinos rosados con crianza, como ocurre con los caldos clásicos de Cigales, aparecen notas de fruta muy madura con notas de bollería. Los rosados clásicos y los pálidos recuerdan a los aromas de los blancos, mientras que los rosados intensos nos remiten a los tintos jóvenes.

Vinoso. Aunque cada vez se elaboran mejores rosados, todavía se encuentran vinos intermedios, con poca personalidad. En estos caldos, es difícil detectar aromas definibles. En tales casos nos queda el recurso de hablar de la «vinosidad» de su aroma. A fin de cuentas, los vinos huelen a vino y lo que hacemos, al catar, es evocar los aromas conocidos.

EL GUSTO

La sedosidad y la frescura son sus características básicas. Su neutralidad permite un maridaje con muchos platos.

El equilibrio. En los vinos rosados, el equilibrio vuelve a ser entre el ácido y el dulce. El mayor grado alcohólico de estos vinos hace que el componente dulce sea más evidente y aporte mayor sedosidad. Los vinos son más densos, más corpulentos y consistentes. El posgusto es más largo que en los blancos, y se conserva el frescor. Los rosados clásicos y los pálidos son más ligeros y menos estructurados, y buscan la suavidad y la sedosidad. Los rosados intensos, en cambio, buscan la personalidad, con más estructura táctil y ácida en boca. Los posgustos son más largos y más definidos.

Un arma de doble filo. Por su sensación más neutra, los rosados presentan una amplia gama de combinaciones culinarias. Los rosados permiten combinar con arroces, fiambres, ensaladas, pescados y carnes suaves. Aparte, nos dejan la boca preparada y limpia

Fresones, notas vegetales y aromas lácticos son los tres matices más perceptibles en la cata de vinos rosados.

para la siguiente deglución. No se ruborice por pedir un rosado: estos caldos son capaces de dar al paladar un frescor con consistencia, no igualable por otros vinos.

Vinos de evolución rápida. Los rosados son vinos que, en botella, tienen una vida corta. Como los blancos, se aconseja su consumo entre los 12 y los 18 meses después del embotellado. En un vino rosado, los colores evolucionan a tonos de piel de cebolla y sus frágiles aromas se volatilizan. Los rosados intensos tienen una mejor conservación, que permite un consumo en condiciones hasta dos años después de ser embotellados.

CHAMPAÑA ROSADO

Para la elaboración del champaña rosado, el vino de base es uno rosado en lugar de blanco. Champaña (Francia) es uno de los pocos lugares del mundo en que está permitido mezclar vino blanco y vino tinto para conseguir el rosado de base.

La cata de tintos

El consumo de vino tinto siempre se ha mantenido alto en nuestro país. Pero los tintos siempre han sido los vinos más valorados. Sus matices cromáticos, sus evoluciones aromáticas y sus aterciopelados sabores son una delicia, si los llegamos a percibir.

LA VISTA

Los vinos tintos van suavizando su color en general, aunque aún encontramos tintos «superintensos» de color. Vinos para todos los gustos.

El color. Los vinos tintos presentan ribetes púrpura en su juventud. Acostumbran a ser más brillantes y más intensos. Conforme van envejeciendo, los tintos pierden intensidad, tienen menos capa, y sus colores evolucionan a tonos más anaranjados. Los ribetes se vuelven teja. Al final de su evolución, los vinos blancos y los tintos se visten de colores parecidos.

Los posos. Los vinos tintos añejos tienen posos, sedimentos en la botella. Son formaciones de bitar-

CRISTALES EN EL TAPÓN

Al descorchar un tinto, a veces se observan en el tapón pequeños cristales. Se trata de bitartratos, sales del ácido tartárico del vino que se depositan en el corcho. No tienen efecto perjudicial alguno, y aparecen en los vinos potentes y muy intensos.

tratos y antocianos que precipitan en la crianza. Con una decantación correcta podemos eliminarlos, de modo que no nos distraigan durante la cata. En los tintos actuales, también los encontramos en caldos no tan viejos, porque los vinos no se filtran ni se clarifican tanto como antes. Los cánones clásicos de cata

Los colores del tinto

Los colores del tinto son púrpura, violeta, ciruela, cereza picota, granate, rubí, castaño, caoba... y con ribetes púrpuras, morados, violetas, si son jóvenes; anaranjados o teja, si son viejos. En el vino de la izquierda, reflejos violáceos y color púrpura denotan juventud. La copa central contiene vino todavía joven, que conserva reflejos azulados y color picota intenso. El tercer vino, evolucionado, muestra reflejos tejas y color caoba: es un crianza clásico.

consideraban los posos en vinos jóvenes como un defecto de elaboración; pero esto no es ya aplicable, porque las impresiones de cata cambian con las nuevas técnicas enológicas.

EL OLFATO

En la cata de tintos, valoramos las notas de fruta, más o menos madura. «Quedaremos» muy bien si utilizamos en algún momento el término «mineral». Se utiliza para determinar el aroma metálico o de piedra de algunos tintos.

Los aromas. Los vinos tintos jóvenes dan aromas más parecidos a los blancos jóvenes. Van muy ligados a los aromas varietales. Son aromas frescos, que recuerdan a frutos rojos, regaliz o fruta madura, y sencillos, que se vuelven más complejos en la crianza. Las notas frescas desaparecen y surgen aromas especiados, balsámicos, de maderas y ahumados.

La riqueza aromática. En los tintos jóvenes los aromas son más simples. Conforme agitamos la copa, detectamos los mismos aromas que desaparecen según la persistencia del vino. En los vinos añejos surge la magia. Al agitar la copa, el vino se va oxigenando y va matizando los aromas que desprende. Empezamos a percibir notas a madera, ahumados, seguimos con notas especiadas, a chocolate y tabaco… En cada vino las evoluciones son distintas.

Aromas jóvenes. Los aromas jóvenes son de frutas (fresas, ciruelas), en especial frutos rojos (moras, frambuesas, arándanos, grosellas), higos, pasas… Otros aromas son lácteos (leche, yogur), florales (violeta, lilas) y vegetales (pimiento verde, helecho, raspón de uva, regaliz…).

Evolución. Los aromas de vinos con crianza más perceptibles son de flores (romero, tomillo, lavanda, flor seca), fruta (fruta confitada o seca), frutos secos, vegetal (tabaco, pimientos), confitería (compotas, mermeladas, miel), madera y empireumáticos (roble, ahumado, tostado, quemado), especiados (vainilla, coco, canela, clavo, nuez moscada), balsámicos (eucalipto, resina, laurel), animal (cuero, piel de animal, establo, silla de montar, jugo de carne) y sotobosque.

EL GUSTO

En los tintos, la irrupción de los taninos marca su equilibrio. En la degustación valoraremos si el vino puede reposar más tiempo en la botella sin estropearse.

El equilibrio. Aparte del gusto ácido y el dulce, aparece una nueva dimensión gustativa: la astringencia. Los taninos coagulan las proteínas de la saliva, dejándonos la boca seca. Los vinos jóvenes son redondos, sedosos, llenos y con finales de boca ligeramente frescos. Están pensados para consumir durante los dos años posteriores a su elaboración. Los vinos con crianza son más estructurados, al ser jóvenes evolucionando hacia sedosos y aterciopelados. En la botella, los taninos se combinan con las proteínas y los antocianos, suavizándose. Los términos para definir el gusto de los vinos tintos quedan reflejados en la pirámide de Bedel, de la que hablamos en el capítulo «El equilibrio de los vinos».

BARRICA NUEVA, BARRICA VIEJA
Los aromas de los tintos varían si han sido criados en barricas nuevas o barricas viejas. Los aromas son más claros y nítidos en los tintos en maderas jóvenes. En crianza con maderas viejas, los aromas son más complejos y están más escondidos en el vino.

Tres aromas típicos del buqué de vinos de crianza: hierbas aromáticas, especias y piel animal.

Defectos del vino

Los vinos están cada vez mejor elaborados. Las modernas técnicas consiguen caldos más sanos y conservables. Sin embargo, como el vino es una materia viva, siempre puede sufrir alteraciones.

VISUALMENTE

Las claves visuales son la presencia de partículas en suspensión y el color del vino.

Color oxidado. El color varía mucho en función de las variedades y la elaboración. Si un blanco o un rosado presentan tonalidades marrones evidentes o un tinto joven es apagado con tonos anaranjados, puede deberse a una fuerte oxidación. Confirme en nariz sus aromas rancios antes de rechazarlo: vinos de color evolucionado pueden ser del todo correctos.

Oxidado.

Trocitos de corcho. Al descorchar la botella se puede agujerear o romper el tapón. Los trozos de corcho que caen no afectan al vino, pero la presencia de estas partículas nos puede distraer durante la fase gustativa. Para evitarlo, tras abrir la botella, con un movimiento de muñeca verteremos una pequeña parte de vino en un recipiente aparte.

Pequeños cristales. Esto ocurre en vinos blancos que no han sido bien estabilizados. Los cristales son bitartratos, sales de ácido totalmente inocuas para el consumo. Es un defecto de elaboración. El defecto visual no afecta al olfato y al gusto del vino, que será apto para ser catado y bebido. Actualmente, los vinos se clarifican suavemente y por ello este defecto puede ser más habitual.

Posos. Son sedimentos coloreados de bitartratos y antocianos, propios de los tintos añejos. En vinos más jóvenes también se detectan, porque muchos tintos no se estabilizan por el frío. Con una decantación se separan de la masa vínica. Actualmente no se considera un defecto.

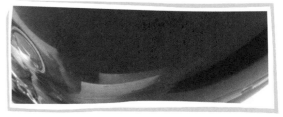

Posos.

Lías finas. Son sedimentos de proteínas que aparecen en vinos blancos inestables tras la filtración. Visualmente, el vino tiene apariencia velada o turbia. No suele afectar a la fase olfativa y gustativa. Muchos de los vinos biodinámicos y naturales presentan cierta turbidez que forma parte de su encanto; aunque, a veces, la imperfección es demasiado.

SORPRESAS AGRADABLES

Al catar un vino, no se precipite al emitir un juicio fatídico. Antes de considerar defectuoso un vino, obsérvelo, huélalo y pruébelo: a veces el paladar desmiente la vista y el olfato.

Humedad.

OLFATIVAMENTE

Son aromas que no pertenecen a las fragancias del vino: confirman las sensaciones visuales o añaden malos presagios.

Humedad. La humedad se vincula al tapón y a la presencia de moho. Sucede cuando los hongos que se reproducen en la parte exterior de la botella atraviesan el tapón y entran en contacto con el vino.

Sulfurosos. El sulfuroso (los sulfitos) es el principal conservante del vino. Da un olor punzante y azufrado, que nos remite al olor de las cerillas recién apagadas. Es debido a una adición en exceso de conservante. Si agitamos la copa y desaparece, no hay problema; pero si persiste, es un defecto. Suele detectarse en vinos blancos.

Huevos podridos. Son olores a sulfhídrico debidos a una baja oxidación durante la elaboración. Se dice entonces que el vino huele a «mercaptanos». Es un

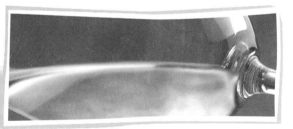

Turbidez.

defecto si persiste después de agitar la copa. Aparece en vinos tintos muy concentrados. A veces se detecta en vinos con tempranillo, cuando son jóvenes, pero el hedor desaparece al evolucionar en botella.

Picado. Un vino está picado cuando notamos el olor a vinagre. En caldos que se están picando, aparece el olor a pegamento, o disolvente, mucho más reconocible al olfato. Mucha gente rechaza el vino en el restaurante, alegando que está picado, cuando en ocasiones el defecto es otro. Decir que un vino está picado es la peor crítica que podemos hacerle a un enólogo.

Corcho.

Corcho. Se debe al tapón defectuoso. Principalmente, lo causa un compuesto químico, el tricloroanisol (TCA). Es conveniente, al descorchar la botella, oler el tapón para cerciorarnos de que solo huele a corcho y al vino que contiene la botella. Parecerá un profesional si en lugar de decir que el tapón está defectuoso, decimos que tiene «TCA».

Oxidado. Este defecto se vincula a problemas en el tapón o en la elaboración. Son olores que recuerdan a los de vinos rancios y jereces, sin serlo.

GUSTATIVAMENTE

Confirme todos los defectos que hemos localizado anteriormente. En la vía retronasal podemos detectar nuevos malos olores. En tal caso, como es natural, no es preciso beber el vino, si no le apetece.

VINO DE POLVOS Debido a los posos que dejan los vinos añejos, existe una vieja creencia popular que afirma que los vinos están hechos de polvos, como el sidral. Los posos no son más que la deposición del color que el vino va dejando a lo largo de su evolución.

Cata a ciegas

La personalidad de un vino depende de su variedad. Las uvas se expresan con diferentes matices según el terreno y el clima. Aunque los cambios sean radicales, la expresión de su carácter será evidente.

BUSCANDO AROMAS

En una cata a ciegas, no sabemos lo que degustamos: se trata de dejarnos llevar por nuestros sentidos, «a tumba abierta», tratando de encontrar pistas que nos lleven hasta la solución final.

Increíble. Todos tenemos la imagen del sumiller cogiendo la copa y proclamando que determinado vino es de una añada concreta, de una bodega determinada, de una denominación de origen específica y, por supuesto, elaborado con unas variedades de uva precisas. Pero este es un ideal que se da en contadas ocasiones: el sumiller acierta el vino si lo tiene muy catado. Acertar las variedades de uva, la denominación de origen, el tipo de crianza, e incluso la añada, es verosímil; adivinar también el elaborador ya es más difícil y ocurre raras veces.

¿Dónde buscamos? Igual que el mecánico que sabe dónde mirar en el motor de un automóvil, el catador busca una serie de aromas que nos muestren las variedades viníferas. A partir de estos primeros datos iremos buscando el resto. Debemos tener una buena memoria olfativa y bibliográfica para recordar dónde se elaboran esas variedades.

El secreto. Hallaremos el misterio de la edad del vino fijándonos en los reflejos del mismo. Añadas más añejas tendrán tonalidades teja y doradas, según el vino sea blanco o tinto. Morados y verdosos serán indicativo de vinos más jóvenes. Para llegar a la solución final de-

CATAR A CIEGAS
En catas organizadas es siempre muy recomendable degustar vinos sin ver su etiqueta. Así no nos influirá en nuestras percepciones. Para ello, podemos envolver la botella con un poco de papel de aluminio. Eso sí, el organizador de la cata jugará con ventaja. También las copas pueden ser opacas.

bemos catar muchos vinos, lo mismo que hemos de observar muchos lienzos de un pintor para aprender a reconocer su estilo en una tela desconocida.

LOS AROMAS VARIETALES

Al iniciarnos en la cata es importante probar vinos varietales, al objeto de reconocerlos en situaciones de cupaje.

Rendimientos altos. Los matices varietales dependen de los rendimientos de las cepas (kilogramos por hectárea) y de su forma de elaboración. En parcelas con rendimientos altos, los caracteres varietales serán menos evidentes o inexistentes, pues todo en la uva estará menos concentrado y no se transmitirá al vino.

Franqueza aromática. Cuando el vino responde a los aromas previsibles se dice que «su aroma es franco». De un vino de cabernet sauvignon que posea evidentes notas de casis, diremos que tiene franqueza aromática.

VINOS VARIETALES Y CUPAJE

Los vinos varietales o monovarietales son los elaborados en un 80-85 % con la variedad especificada en la etiqueta. El nombre de la variedad se utiliza como reclamo comercial: ¿qué compraremos antes, un syrah o un vino desconocido? Los vinos de cupaje se elaboran con diferentes variedades de uva.

Los aromas que se especifican a continuación son solo algunos de los que encontramos en el vino. Nos servirán de pistas orientativas para adivinar la variedad.

VARIEDADES TINTAS

Cabernet sauvignon. Pimiento verde, bayas maduras (arándanos, moras, frambuesas), aromas vegetales (eucalipto). Aromas de crianza: vainilla, cuero, humo, incienso, tabaco.

Pinot noir. Cerezas, violetas, fresas, grosellas (pinot joven), lácticas (en champañas). Aromas de crianza: vainilla, especias (pimienta), regaliz.

Syrah. Moras silvestres, frambuesas, casis, pimienta, laurel, balsámicas (eucalipto). Aromas de crianza: vainilla, ciruelas pasas, cuero, regaliz.

Tempranillo. Bayas rojas (frambuesas, grosellas), ciruelas negras. Aromas de crianza: vainilla, cuero, canela.

Merlot. Casis, confitura de bayas rojas, pimienta verde. Aromas de crianza: vainilla, cedro, humo, cuero.

Garnacha. Confituras, fruta madura, balsámicos. Aromas de crianza: vainilla, aromas muy evolucionados (heno cortado) o pasificados (ciruelas, pasas, arrope).

VARIEDADES BLANCAS

Chardonnay. Avellana, mantequilla fresca, menta, verde, melocotón. Aromas de crianza: pan tostado, vainilla.

Parellada. Flor de viña, manzanilla.

Sauvignon blanc. Grosella, menta, frutos tropicales (mango, maracuyá).

Macabeo o viura. Pomelo, manzana.

Moscatel de grano pequeño. Rosa, nardo, jazmín, moscatel.

Riesling. Limón, miel, albaricoque, acacia, romero.

Gewürztraminer. Rosa, flor de azahar, lichis.

Perlaje y espumosos

Las burbujas dan alegría. Nos acompañan en las celebraciones más especiales, cuando brindamos por los mejores momentos de nuestra vida. Pero los espumosos son algo más que unos vinos de fiesta.

LA VISTA

El perlaje diferencia a los vinos espumosos del resto. Las burbujas nos hablan de la crianza, del tiempo que el vino ha reposado en las oscuras y frías cavas.

El buen perlaje

Al valorar el perlaje debemos fijarnos en los siguientes aspectos. Es la teoría de la burbuja: los **rosarios** (columnas de burbujas). En espumosos jóvenes hay muchos rosarios de evolución rápida. En espumosos más jóvenes, el **perlaje** es grueso. Cuando la crianza es más larga, la evolución de las burbujas es más lenta. El **tamaño de las «perlas»** está en función de la cantidad de gas carbónico disuelto en el líquido. Cuanto más combinado esté, las burbujas serán más pequeñas. La combinación del carbónico depende del tiempo de crianza del espumoso y de la temperatura de la segunda fermentación en botella (véase capítulo «Elaboración de espumosos»).

El color. Muy parecido al de los vinos blancos, el color dependerá, principalmente, del vino de base. Colores más dorados procederán de añadas regulares y colores más pálidos, de mejores añadas. La crianza influye poco en el color, excepto en crianzas de más de cuatro o cinco años. Las tonalidades del espumoso son amarillo pálido, amarillo limón, amarillo pajizo, dorado, oro, oro viejo; con ribetes verdosos o dorados.

El perlaje. Las burbujas son debidas al gas carbónico que contienen los espumosos. Se observan en su recorrido ascendente hasta la superficie. Este espectáculo gaseoso se denomina «perlaje». Como se detalla en el recuadro, lo podemos analizar desde diferentes perspectivas: rosario, la evolución en copa, etc. Cuando catemos nos fijaremos en las columnas de burbujas y en si forman la «corona»: anillo de burbujas alrededor de la copa. Para algunos expertos, la formación

Pan tostado y bollería son aromas complejos apreciables en espumosos de crianza; en los jóvenes, los aromas predominantes serán los frutales.

ESPUMOSOS CON MÁS «ESPUMA»

Si observamos la copa por debajo, veremos que las burbujas llegan a la superficie del líquido y no salen al exterior, sino que se desplazan a los bordes de la copa, formando la corona. Esta «tensión superficial» depende de la variedad de uva con la que se elabora el vino de base.

de la corona es un factor de calidad porque denota la consistencia del vino base empleado. En general podemos decir que un perlaje más fino y con pocas columnas significará un cava con crianza más larga; mientras que un perlaje grueso, tumultuoso y desordenado será propio de un cava más joven. La formación de la corona y el perlaje dependen también de la copa utilizada.

El olfato

Los aromas de los espumosos están en función del cupaje del vino base y del tiempo de crianza en contacto con las lías antes del embotellado definitivo.

Los aromas. Los aromas del espumoso, muy homogéneos y con pocas matizaciones, son los más difíciles de comparar y definir. Sufren una evolución parecida al resto de los vinos. Para los espumosos jóvenes, predominan los aromas afrutados (manzana, pera...) y florales, más cercanos a los vinos tranquilos con los que han sido elaborados. Los espumosos con más crianza ganan en complejidad, con lo que aparecen aromas de frutos secos (nuez), pan tostado, levadu-

ras, bollería, mantequilla o galletas, mezclados con los aromas varietales.

En algunos espumosos, al oler, pueden aparecer aromas no propios del vino base o de la crianza. Son los aromas del licor de expedición, que pueden contener licores, aguardientes o vino viejo, que le aportan matices diferentes. En algunos espumosos, este licor de expedición aporta personalidad y el sello inconfundible de la bodega elaboradora.

No agitar la copa. Cuando catemos espumosos debemos remover la copa, no agitarla, para profundizar en la detección de los aromas. El gas carbónico arrastra y potencia sus fragancias. Si agitáramos el vino, se desprendería el perlaje y el espumoso perdería toda su gracia. A pesar de todo, podemos remover suavemente la copa para encontrar más fragancias.

El gusto

El equilibrio gustativo está representado por los gustos ácidos y los dulces. Aquí influye la cantidad de azúcar que se añade mediante el licor de expedición, porque modifica el equilibrio. Los adjetivos para el gusto son los mismos que vimos en los vinos blancos. En boca, también detectaremos la edad del espumoso por la integración de la efervescencia (gas carbónico). En espumosos más jóvenes, la efervescencia es más gruesa y menos integrada en la masa vínica. En los cavas con crianza, la efervescencia es más fina y nos llega al final de la boca porque está integrada en el vino.

El gas acentúa el sabor. El gas carbónico es un factor que acentúa las virtudes y defectos de los espumosos. Si un cava es ácido, con el carbónico lo encontraremos todavía más ácido.

BURBUJAS, SEGÚN LAS COPAS

El perlaje de los espumosos depende de la copa en que se cate. Según el tipo de cristal, y por supuesto, si quedan restos de detergente, un mismo espumoso dará un perlaje persistente en una copa y en otra será inapreciable. Algunas copas tienen una pequeña hendidura en el fondo, para que produzca un punto de emulsión: así se asegura el perlaje.

Parezcamos interesantes

El vino siempre ha tenido un halo especial de sofisticación. Aunque en algunas ocasiones este aspecto aleja a muchos nuevos consumidores que lo consideran snob y arcaico, parecer un experto en vino siempre queda bien. Por eso, hay que procurar que no nos pillen con el pie cambiado.

Los enólogos producen los cupajes para provocar sensaciones agradables en el consumidor.

La elección

Una de las cosas más complejas que existe es escoger un vino en una tienda o un restaurante. La verdad es que, ante una amplia oferta, para mí no es nada fácil. En mi caso, siempre escojo los vinos que no conozco. Es posible que alguna vez no acierte al cien por cien, pero descubro nuevas texturas y sensaciones.

Dependiendo de la ocasión, escoger un rioja o un ribera del Duero es un acierto seguro, pero, si están leyendo este libro, seguro que buscan algo más.

Una buena guía es la variedad de uva. Aunque no conozcamos el vino, las variedades marcan estilos determinados. Si no aparece en ningún lado de la botella, siempre podemos buscarla en una magnífica app llamada Vivino. Le hacemos una foto a la etiqueta y automáticamente nos «chiva» mucha información sobre el vino en cuestión.

La pregunta que deberíamos plantear a nuestros comensales o invitados es qué prefieren:

Vino blanco afrutado o seco. En el caso de afrutado, buscaremos un moscatel, verdejo o sauvignon blanc. Si no lo tienen claro, los intermedios: un albariño, hondarribi zuri (la uva de las DO del txakolí), torrontés (la del DO Ribeiro) o un zalema (del DO Condado de Huelva). Los más secos o menos afrutados son xarel·lo, garnacha blanca, macabeo, airén o palomino fino.

Aunque el hecho de que sean más o menos afrutados dependerá del método de elaboración, basándonos en la variedad podemos acertar bastante.

Vino tinto fuerte o suave. Evidentemente, como grandes profesionales del vino, nunca diremos fuertes, sino «con cuerpo». Para los más suaves, buscaremos un mencía, listán negro (lo encontramos en las islas Canarias), sousón (variedad gallega más difícil de encontrar, pero que nos daría muchos puntos), tempranillo, merlot y garnacha (si no es de zonas muy cálidas). Entre los vinos de cuerpo medio tenemos el syrah o cariñena. En vinos más intensos, tenemos bobal, monastrell y cabernet sauvignon.

Aunque la variedad es una primera referencia, la zona de producción es la que marca el carácter de los vinos. En las zonas con climas más fríos, los caldos serán más suaves y frescos. Aquellos con climatologías más calurosas tendrán más cuerpo y calidez.

Otro aspecto que hay que tener en cuenta es el tiempo de envejecimiento en barrica. A más nuevas y más tiempo, los vinos son más intensos.

Tinto joven o viejo. No siempre un vino viejo es mejor que uno joven. Eso sí, cuantos más años lleva a sus espaldas, más suave suele ser. Aunque a veces lleva tantos que ya está demasiado fatigado.

Vino local. Está claro que el «kilómetro cero» está de moda. Durante muchos años, hemos encontrado en los restaurantes vinos de muchas partes de la península. Tenemos un territorio rico en variedad de vinos, pero, dependiendo de nuestro público, es mejor apostar por los caldos de la zona donde nos encontramos. Son vinos de proximidad y un acierto seguro. Además, así reforzamos nuestra conciencia ecológica.

El ritual

A qué huele el corcho. En el capítulo de «El descorche y las copas», explicamos cómo debemos abrir una botella de vino. El ritual es importante, pero si de verdad quieren hacerlo como un experto, deben

Nuestras percepciones y las de nuestros invitados dependen de muchos factores.

poner cara seria y oler el tapón, incluso pueden entrecerrar los ojos para concentrarse mejor. En ese momento se busca algún olor extraño que no sea de corcho como, por ejemplo, de humedad. En el caso de detectarlo debe retirarse la botella.

A continuación, desenrosquen el tapón del sacacorchos, cójanlo con el dedo índice y pulgar, y denle unas vueltas. Observen los poros (cuanto menos tenga, mejor). Ese tipo de detalles marcan la diferencia.

Solo oler. Cuando en el restaurante les sirvan un poco de vino para su aprobación, limítense a oler la copa. No es necesario que lo prueben. Si el vino tiene el defecto del tapón (véase capítulo «Defectos del vino»), basta con oler para detectarlo. Evidentemente, en caso de duda, mejor probar. No obstante, si solo lo huele y da su aprobación, quedará de maravilla.

No barboteen el vino. A veces, para detectar algún defecto del vino, se succiona aire con la boca para calentarlo. Al aumentar la temperatura se destacan los defectos y las virtudes. Hay gente que lo hace para parecer que entiende, pero no siempre es así. Por eso, si no tenemos un objetivo claro, es mejor evitar esta práctica.

Teatro. Todo esto que acabo de explicar puede hacerse, pero entiendan que beber vino es pasarlo bien y compartir buenos momentos. Podemos utilizar estos trucos para echar unas risas, pero no hace falta que seamos quienes no somos. Bebamos y disfrutemos.

El truco de la moneda

@mariabarba_photography

Muchas veces no sabemos si debemos decantar un vino tinto. Con una moneda de 5 céntimos de € tenemos la solución. Estas monedas tienen cobre. El cobre es un catalizador de reacciones.

Cuando el vino está cerrado, los sulfitos «atan» el vino con enlaces que no dejan al vino expresarse. Al decantar el vino lo oxigenamos y rompemos estos enlaces. El cobre acelera esta reacción.

Por lo tanto, ponemos un poco de vino en la copa y le introducimos la moneda (que previamente hemos limpiado con un poco de vino en una servilleta). Si al cabo de 1-2 segundos, el vino ya está suave en la boca, no hace falta decantarlo. Si necesita más de 4-5 segundos, es conveniente decantarlo o esperarse 1 hora con la botella destapada antes de su consumición. Esta prueba no es apta para aprensivos.

Conocer el jerez

Los vinos de Jerez representan una parte de nuestra historia. Su elaboración ha sido fruto de muchos años de tradición. Amontillados, finos, manzanillas y olorosos nos abren un campo sensorial excepcional.

LA ELABORACIÓN DEL JEREZ

El sistema de las soleras y la crianza biológica son los responsables de la excepcionalidad de estos vinos.

La fermentación alcohólica. Los vinos blancos, base de los generosos de Jerez, son elaborados como los otros blancos (véase capítulo «Elaboración de blancos»). Deben ser vinos poco ácidos. Básicamente, estos vinos se producen a partir de la variedad de uva palomino fino. La fermentación se realiza en depósitos de acero inoxidable, pero algunas bodegas todavía la realizan en barricas de madera. El proceso es bastante sencillo; la complejidad de los jereces proviene del proceso de añejamiento. En esta primera fase los vinos no experimentan ninguna oxidación.

Todos generosos. Finalizada la fermentación, los enólogos de cada bodega degustan los depósitos resultantes al objeto de separar las diferentes calidades de vino. Entre los generosos se distinguen:

MANZANILLAS Y FINOS. Elaboradas, las manzanillas, en Sanlúcar de Barrameda (Cádiz), se encabezan a 15 o 15,5 °C con aguardiente vínico; y luego prosiguen su crianza biológica bajo flor.

AMONTILLADOS. Empiezan siendo finos. Se encabezan hasta 16 y 18 °C, perdiendo la flor, y realizan posteriormente una crianza oxidativa.

OLOROSOS. Se encabezan a 18 °C y prosiguen su crianza oxidativa sin presencia de la flor.

PALO CORTADO. Es un vino oloroso con tintes amontillados.

PEDRO XIMÉNEZ. Se elabora con uvas asoleadas. La fermentación del mosto se apaga con alcohol vínico, dejando muchos azúcares residuales. Es un vino dulce muy apetitoso.

CREAM. Son vinos más o menos dulces, resultado de la mezcla de un oloroso con Pedro Ximénez.

La flor de la barrica. El secreto de la producción de los vinos jerezanos es la «flor». Las barricas de jerez se llenan del vino nuevo, dejando una cámara de aire. Al cabo de unos meses aparece en la superficie un velo formado por levaduras vínicas: es la flor. Gracias a ella, los vinos realizan la llamada «crianza biológica», que consiste en que los caldos se oxidan sin que su color adquiera las tonalidades parduzcas, típicas de un añejamiento en barrica.

SOLERAS

El nombre de «soleras» procede de las barrricas criaderas que están más cercanas al suelo. De estas soleras se van extrayendo los vinos que se embotellan y dan renombre a la bodega.

La llamada «flor de la barrica» crece en la superficie del vino de las barricas semivacías de jerez.

BARRICAS PARA WHISKY Las barricas que han envejecido los vinos de Jerez son adquiridas por los elaboradores de whisky. En ellas, los destilados consiguen unos matices especiales muy apreciados.

Soleras: los vinos del «suelo». Los jereces se elaboran por el método de criaderas y soleras. Se trata de disponer las barricas apiladas en distintos niveles, con acceso a las que quedan a ras de suelo. El proceso empieza sacando el vino de estas barricas de «solera» —que es el que se embotella— y rellenando la barrica con vino del nivel de barricas superiores, llamadas «criaderas». Así sucesivamente, hasta llegar a las últimas barricas superiores, que se van rellenando con el vino nuevo. A este proceso, también se le denomina «crianza dinámica».

Vinos sin añadas. Los vinos de Jerez son procedentes de diferentes añadas, todas ellas mezcladas en el sistema de criaderas. Este sistema confiere uniformidad a este tipo de vinos.

La cata de los vinos de Jerez

Los generosos son vinos muy complejos. En la degustación, si están bien elaborados, son elegantes y sorprendentes.

Vista. Las manzanillas presentan un color amarillo pálido, con ribetes verdosos. Los finos son un poco más dorados. Los amontillados son de color más intenso, con tonalidades ámbar y reflejos anaranjados. En los olorosos ya entramos en las tonalidades caoba. A medida que los vinos son más dulces, el color se va oscureciendo e intensificando. Los Pedro Ximénez son caoba intenso, untuosos en la copa.

Olfato. La estructura aromática se va enriqueciendo en la misma dirección que los colores. Los finos y las manzanillas dan notas almendradas, aceitunas y olores marinos, intensos y punzantes. En los amontillados, dominan las notas a avellanas, más complejas. Los olorosos dan matices profundos de madera, especias y frutos secos, como la nuez; son densos. Los Pedro Ximénez remiten a pasas y ciruelas secas, con pinceladas cremosas de chocolate y café.

Gusto. Finos y manzanillas son sedosos y frescos; refrescantes para el aperitivo. El amontillado, más redondo y con más cuerpo, es persistente, con aromas retronasales tostados y de avellana. El oloroso, más amplio y largo en el paladar, tiene un final cálido. El Pedro Ximénez tiene la virtud de la suavidad elegante, llena y corpulenta; es uno de los vinos dulces más completos del planeta.

Conocer el oporto

Los vinos de Oporto enlazan con la historia naviera de Portugal, cuando los caldos eran fortificados para que no se deterioraran. Con investigación y buen hacer, Oporto fue la primera denominación de origen del mundo moderno, establecida en 1756 por el marqués de Pombal.

LA ELABORACIÓN DEL OPORTO

El proceso de elaboración del oporto es parecido al de los vinos tintos. Pero el encabezamiento detiene la fermentación, dejando los vinos dulces.

Las viñas «aterrazadas». La extraordinaria calidad de los vinos de Oporto se debe a la elevada concentración en polifenoles de sus uvas. Las cepas están situadas a unos 700 metros de altitud, con un microclima marcado por el río Duero (Douro en portugués) y un suelo pizarroso que ayuda a madurar las uvas. El paisaje vitícola es impresionante. Las viñas se elevan «aterrazadas» a ambas riberas del Duero. Su excelencia se debe a la calidad de la cosecha y el punto ideal de su maduración.

45 variedades. El oporto se puede elaborar con 26 variedades de uva tinta; destacan la touriga nacional, touriga francesa, tinta barroca, tinta cao y tinta roriz (tempranillo); y 19 blancas, que se utilizan para cupajes con otras tintas, salvo la moscatel y malvasía fina.

Elaboración y *vintage*. Los oportos se encabezan durante la fermentación. Las uvas llegan de las *quintas* (fincas), son estrujadas y despalilladas con la precaución de no romper las pepitas, ya que darían gustos no deseados al oporto. Luego se disponen en grandes depósitos de acero, donde empieza la fermentación en contacto con los hollejos. Los mejores oportos —los *vintage*— permanecen largas temporadas de maceración con sus hollejos hasta lograr la concentración gustativa deseada.

Vino con aguardiente. Al oporto se le añade aguardiente, lo cual produce una parada inmediata de la transformación de las levaduras, debido a que el alcohol es tóxico para ellas. La mezcla contiene aproxi-

La edad del oporto la marca la edad media de los vinos que se mezclan. Así pues, un oporto de veinte años puede ser mezcla de uno de diez y otro de cincuenta años. El vintage, equivalente al «gran reserva» en los tintos, pertenece solo a una añada cuando las condiciones climatológicas son excelentes.

madamente un 20% de alcohol y una gran cantidad de azúcares naturales que le aportan dulzura. En enero, el vino se transporta a las bodegas de Vila Nova de Gaia, situadas enfrente de Oporto, donde se realizará la crianza en las pipas, barricas de 550 litros. Tradicionalmente, este transporte se hacía por el río con los *rabelos*, un tipo de embarcaciones que, surcando las aguas del Duero, viajaban desde las quintas hasta Oporto.

La crianza es oxidativa. En primavera, el enólogo clasifica las diferentes calidades de oportos para darles la crianza adecuada. El oporto puede añejarse durante años y adquirirá intensidad en los aromas. La crianza oxidativa, en presencia de oxígeno, se efectúa en las pipas de 550 litros, que no se llenan por completo, pues la cámara de aire proporciona al vino un mayor efecto de oxidación y confiere al oporto su *bouquet* rancio característico. Este aroma es debido a la degeneración del etanol en etanal. En el caso de los *vintage*, se elaboran como el resto de tintos, sin dejar cámara de aire. A lo largo de esta crianza se van realizando mezclas de diferentes añadas basadas en la degustación.

Un clásico rabelo del Duero transportando los vinos de Oporto.

Variedades de oporto

Jóvenes y viejos, los vinos elaborados en Oporto marcan sus características según las crianzas: ruby, tawny o vinos con evolución en botella pueden dar notas de cata asombrosamente distintas.

Ruby Embotellados después de un tiempo de barrica: los jóvenes, más tánicos, y los *vintage* reserva, con tonos más anaranjados, llevan en la etiqueta los años de crianza. En la copa, un ruby joven presenta color rojo rubí, de ahí su nombre. En nariz destacan la fruta roja poco madura (cereza, fresa), aroma sencillo. Al paladar resulta cálido, redondo y con final fresco.

Tawny Vinos con una crianza en barrica que oscila entre tres y cinco años. Los tonos son más parduzcos, debido a la oxidación.

Los *old* tawnys llegan a edades de diez, veinte, treinta y hasta cuarenta años. Presentan color rojo ambarino con reflejos granatosos. Su aroma complejo exhibe notas ahumadas, tostadas con fruta roja muy madura y miel. En boca son sedosos y aterciopelados, con retronasal de higo seco y cacao.

Vinos con evolución en botella En este grupo encontramos los *crusted*, vinos de diferentes añadas que se embotellan sin filtrar, así como

los *vintage*. Los primeros tienen una evolución en botella de tres o cuatro años. Los *vintage*, por su parte, son los considerados reyes entre los vinos de Oporto. Se embotellan al tercer año sin filtrar. Su color es rojo granate, con reflejos teja. En nariz, presentan notas de frutas muy maduras, mieles, cacao, especias, tabaco y frutos secos. Al degustarlo, el *vintage* muestra ser un vino muy estructurado, aterciopelado a su paso por boca y largo en su posgusto.

Los vinos

Cuando llegue a esta parte del libro, conocerá buena parte del lenguaje del vino y sabrá cómo expresar sus «emociones vínicas». Con este bagaje podrá buscar en el vino los parámetros de calidad, empezando por catar caldos conocidos, pero mirándolos ya con otros ojos. En esta parte del libro daremos una pincelada a los vinos que se elaboran en el mundo. Las generalidades no siempre son correctas, pero nos aproximan al objeto de estudio. Toca hablar ahora de las elaboraciones y de los secretos de la cepa, por lo que se acompaña la explicación de unos ejercicios de cata sencillos, para aprender a observar las diferencias. En efecto, al objeto de llegar a «entender los vinos», deberá conocer también su entorno: saber dónde han sido cultivados, si las temperaturas son constantes o con cambios bruscos, etc.

Esta información la encontraremos en numerosas guías y libros de geografía vinícola. Es el momento de abrir horizontes... sin movernos de la mesa. El vino permite viajar a diferentes regiones del mundo, con caldos tan diferentes como sus pobladores. La dificultad reside en sentir y pensar el vino como en su zona de producción, en catar, por ejemplo, un vino alsaciano con mentalidad alsaciana. Para conseguirlo, debemos degustar muchos vinos de esa denominación. Al entrar en el mundo del vino, nos daremos cuenta de la cantidad de denominaciones que nos quedan por conocer. Manos a la obra.

Las denominaciones de origen

Las regulaciones del mundo del vino llegaron en el siglo XX, nacidas para poner fin a los fraudes. Así pues, las denominaciones de origen son, para el aficionado al vino, una garantía de que los vinos están controlados por organismos oficiales.

El sistema de control

Oporto fue la primera denominación de origen mundial. Siguiendo su modelo se fueron creando otras denominaciones. En el marco europeo, la Unión Europea es la encargada de legislar y controlar el mercado del vino. En el ámbito internacional, la OIV (Organisation Internationale de la Vigne et du Vin) controla el mercado mundial del vino.

Los consejos reguladores. En España, estos organismos son los encargados de regular los vinos de su denominación de origen. Marcan las variedades que se pueden plantar, los rendimientos de uva por hectárea, las graduaciones alcohólicas mínimas, etc. Para llevar el control, realizan inspecciones en bodegas y los vinos se analizan y se degustan, garantizando una calidad mínima. Estos organismos están formados por

viticultores y elaboradores. En Francia, en algunos de estos comités de control también están representados los comerciantes del vino.

Las diferentes calidades

Vino. Es el primer eslabón de la cadena. Los antiguos vinos de mesa, ahora llamados solo «vino», están destinados a un consumo diario y no cuentan con una legislación específica. Solo deben cumplir las normas alimentarias básicas.

Vinos comarcales. En España, se denominan «vinos de la tierra». Son caldos producidos en una comarca determinada. A veces, bajo esta denominación se agrupan vinos de zonas que no tienen una producción suficientemente importante para ser denominación de origen. También se utiliza para calidades intermedias. Grandes vinos españoles se engloban en esta denominación, debido a que las normativas permiten al enólogo vinificar sin tantas limitaciones. Asimismo se usan para los vinos de una comunidad autónoma.

Vinos de calidad. Los vinos de calidad, en España, son los que tienen denominación de origen, pues todos han sido controlados por un organismo regulador que otorga la garantía. Si la etiqueta indica la denominación sabremos qué variedades contiene, cómo se ha

LOS VINOS DEL NUEVO MUNDO Son los elaborados en las nuevas zonas de producción distintas de las tradicionales (área mediterránea y Europa): Australia, Nueva Zelanda, América (California, Argentina, Chile) y Sudáfrica. En estas zonas, las legislaciones vitivinícolas no son tan estrictas como en Europa.

Denominaciones de origen europeas

	ESPAÑA	FRANCIA	ITALIA	PORTUGAL	ALEMANIA
Vinos de Parcela	Vino de Pago	Clasificación de Cru			Einzellage Grosslage
Vinos de calidad especial	Denominación de Origen Calificada (DOC)	No existe	Denominazione di Origine Controllata e Garantita (DOCG)	No existe	Qualitätswein mit Paädikat (QmP)
Vinos de calidad	Denominación de Origen Protegida (DOP) o Indicación Geográfica Protegida (IGP)	Apellation d'Origine Protégée (AOP)/ Apellation d'Origine Controlée (AOC) o Vin Delimité de Qualité Supérieur (VDQS)	Denominazione di Origine Controllata (DOC)	Denominaçao de Origem Controlada (DOC) o Indiacaçao de Proviniencia Regulamentada (IPR)	Qualitätswein bestimmter Angaugebiete (QbA)
Vinos comarcales	Vino de la tierra	Indications Géographique Protégée (IGP)	IGT (Indicación Geográfica Típica)	Vinho Regional	Landewein
Vinos básicos	Vino	Vin de France	Vino di tavola	Vinho de mesa	Tafelwein (DTW)

CALIFICACIONES VITÍCOLAS EUROPEAS

Aunque la tendencia europea es a ir agrupando los temas de legislación, aún encontraremos denominaciones propias de cada país. En la tabla mostramos las de los principales países europeos. Los vinos están valorados de diferente manera. Estas indicaciones suelen aparecer en las etiquetas.

elaborado, cuáles son sus características organolépticas... Una buena base para el consumidor, que supone una gran ayuda para acertar en la compra. Los consejos marcan siempre los mínimos: la calidad máxima depende de cada elaborador, y nos corresponde a nosotros conocerla. Una figura legislativa intermedia son los vinos de calidad, con indicación geográfica protegida (IGP). Pertenecen a zonas geográficas menos extensas que las denominaciones de origen.

Vinos de calidad especial. Son las denominaciones de origen calificadas, con legislaciones más restrictivas y controles más rigurosos. Estas denominaciones marcan incluso cuándo pueden salir los diferentes tipos de vino al mercado. En España existen dos, La Rioja y el Priorat.

Basadas en el terruño. Los «Vinos de Pago» se basan en los caracteres geográficos y de climatología de una parcela o explotación bien diferenciada del resto de la denominación de origen. Para ello, deben diferenciar claramente sus características organolépticas. Sería el equivalente español a los *crus* franceses.

Aunque a las denominaciones de origen se les critica su falta de control, no hay duda de que aportan seguridad al consumidor, que puede pedir un vino de determinada DO sin conocer el elaborador, sabiendo que obtendrá un mínimo de calidad.

Diversidad de las DO españolas

Una de las características que diferencia los vinos es su origen. En un mundo cada vez más globalizado, los vinos también toman partido. Podemos optar por vinos perfectos que no seríamos capaces de situarlos en el mapa mundial o por vinos apegados a su entorno. Vinos que destilan tierra por los cuatro costados. Usted elige global o local.

Más DO

La primera legislación española del vino nació durante la Segunda República. Algunas denominaciones ya existían, pero no estaban reguladas oficialmente. Esta antigua legislación se actualizó en la década de 1970 y, posteriormente, en la primera década del siglo XXI.

Aunque nos parezca un mapa cerrado, constituye un espacio en constante evolución: hay Vinos de la Tierra que pasan a ser Denominación de Origen, Denominaciones de Origen que pasan a ser Denominaciones de Origen Calificadas, y nuevos Vinos de Pago que van naciendo por el camino. En un mundo cada vez más global, el vino se convierte en algo progresivamente más local, y es precisamente esta localidad la que los hace especiales y los diferencia de los demás.

ANDALUCÍA
- Condado de Huelva
- Jeréz – Xérès – Sherry y Manzanilla de Sanlúcar de Barrameda
- Málaga, Sierras de Malaga y Pasas de Málaga
- Montilla – Moriles

ARAGÓN
- Calatayud
- Campo de Borja
- Cariñena
- Somontano
- Cava

CANARIAS
- Abona
- El Hierro
- Gran Canaria
- La Palma
- Lanzarote
- Tacoronte – Acentejo
- Valle de Güimar
- Valle de la Orotava
- Ycoden – Daute – Isora

CASTILLA-LA MANCHA
- Almansa
- Casa del Blanco (Vino de Pago)
- Dehesa del Carrizal (Vino de Pago)
- Dominio de Valdepusa (Vino de Pago)
- Finca Élez (Vino de Pago)
- Florentino (Vino de Pago)
- La Mancha
- Manchuela
- Méntrida
- Mondéjar
- Pago Calzadilla (Vino de Pago)
- Pago Guijoso (Vino de Pago)
- Campo de la Guardia (Vino de Pago)
- Ribera del Júcar
- Uclés
- Valdepeñas
- Jumilla

CASTILLA Y LEÓN
- Arlanza
- Arribes
- Aylés (Vino de Pago)
- Bierzo
- Cigales
- Ribera del Duero
- Rueda
- Tierra de León
- Tierra del Vino de Zamora
- Toro
- Valles de Benavente

CATALUÑA
- Alella
- Empordà
- Cataluña
- Conca de Barberà
- Costers del Segre
- Monsant
- Penedès
- Pla de Bages
- Priorato (DOCa)
- Tarragona
- Terra Alta
- Cava

COMUNIDAD DE MADRID
- Vinos de Madrid

COMUNIDAD FORAL DE NAVARRA
- Navarra
- Otazu (Vino de Pago)
- Prado de Irache (Vino de Pago)
- Arínzano (Vino de Pago)
- Rioja (DOCa)

COMUNIDAD VALENCIANA
- Alicante
- El Terrerazo (Vino de Pago)
- Los Balagueses (Vino de Pago)
- Utiel – Requena
- Valencia
- Cava

EXTREMADURA
- Ribera del Guadiana
- Cava

GALICIA
- Monterrei
- Rias Baixas
- Ribeira Sacra
- Ribeiro
- Valdeorras

ISLAS BALEARES
- Binissalem – Mallorca
- P la i Llevant

LA RIOJA
- DOCa Rioja
- Cava

PAÍS VASCO
- Arabako Txakolina
- Getariako Txakolina
- Bizkaiko Txakolina
- DOCa Rioja
- Cava

REGIÓN DE MURCIA
- Bullas
- Yecla
- Jumilla

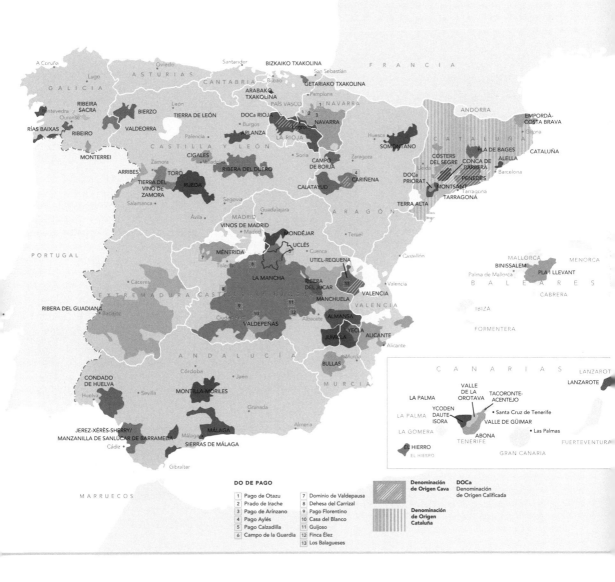

Mapa de las denominaciones de origen españolas

DO DE PAGO

1	Pago de Otazu	7	Dominio de Valdepausa
2	Prado de Irache	8	Dehesa del Carrizal
3	Pago de Arínzano	9	Pago Florentino
4	Pago Aylés	10	Casa del Blanco
5	Pago Calzadilla	11	Guijoso
6	Campo de la Guardia	12	Finca Élez
		13	Los Balagueses

Denominación de Origen Cava

DOCa
Denominación de Origen Calificada

Denominación de Origen Cataluña

Las otras zonas vinícolas

Todos conocemos las denominaciones de origen. Nos indican la procedencia del vino. Algunas se han burocratizado tanto que una parte de los viticultores no se sienten representados. Por eso, cada vez encontramos más vinos fuera de las DO o que forman IGP más pequeñas y, a pesar de no ver claramente su origen, son igual de buenos.

La madera marca los años del viñedo.

A VUELTAS CON LA LEGISLACIÓN

OIV. Hace años que las regulaciones vinícolas se están unificando en pro de un mercado mundial regulado. El organismo que se encarga de este gran trabajo es la OIV (Organización Internacional de la Viña y el Vino). Esta organización se fundó en 1924 por la necesidad de controlar el mercado vinícola después del desastre de la filoxera. La OIV regula el mercado del vino, indica qué técnicas son legales y legisla sobre la autenticidad del origen vinícola.

Pongamos un ejemplo: los más antiguos del lugar recordarán que a todos los vinos espumosos del mundo los llamaban «champaña». Hace algo más de treinta años, los productores de la región francesa de la Champaña (Champagne), de donde procede su nom-

bre, decidieron proteger la nomenclatura. A partir de entonces, solo podrían llevar el nombre de «champagne» los espumosos producidos en esa región. Es decir, la OIV protegió el nombre.

De este modo, nació el nombre de «cava» para los espumosos españoles. En los últimos años han aparecido también los clàssic penedès, corpinnat o los VEPRD Rueda para nombrar las burbujas peninsulares. Los italianos los llaman asti spumanti; crémant, los otros espumosos franceses; sekt, los alemanes; sparkling wine, los californianos y otros países de habla inglesa. Con esto ya se pueden hacer una idea del poder de esta organización.

Los vinos siempre nos hablan de su entorno, por eso se crearon las denominaciones: para preservar la tipicidad.

Nueva regulación. La legislación europea se ha actualizado. Cuando hablamos de las DOP nos referimos a las Denominación de Origen Protegidas. Estas comprenden:

- Denominación de Origen
- Denominación de Origen Calificada
- Vino de Pago
- Vino de Pago Calificado
- Vino de Calidad con Indicación Geográfica

Cuando hablamos de las IGP, nos referimos a Indicación Geográfica Protegida y comprende el llamado «vino de la tierra».

Vinos de calidad. Los vinos de calidad con indicación geográfica son el germen de algunas denominaciones de origen actuales. Algunas crecen y hacen el cambio; otras, por el contrario, permanecen igual.

En España, encontramos:

- VC Cangas
- VC Valles de Benavente
- VC Valtiendas
- VC Sierra de Salamanca
- VC. Granada
- VC. Lebrija

¿Confusión? Todas estas legislaciones, en ocasiones, confunden al consumidor, porque no siempre significa que un vino con una regulación superior sea de mejor calidad, sobre todo en España. Por eso, hay consumidores que se guían por el precio, aunque esto tampoco es siempre garantía de nada.

CONSEJO: prueben siempre el vino y no se dejen impactar por su denominación legislativa.

Sin menciones. Después de tantas regulaciones es lógico que haya pequeños elaboradores que no puedan soportar estas cargas burocráticas o no se sientan representados por las denominaciones legales. En estos casos, hablamos de «vinos de zonas o regiones vinícolas» sin nombrar las denominaciones de origen. Vinos tan dignos y buenos como los otros. Vinos que reflejan un lugar en el mundo.

Global o local. Cuando viajamos, hay marcas de vino que nos encontramos en todo el planeta. Después encontramos las marcas locales, más cercanas a

Viña Ijalba en La Rioja. Las bodegas se parecen, pero su contenido las diferencian.

su zona de producción. Es posible que no tengan capacidad de exportar por su limitada producción. Algunos de ellos se convierten en vinos de culto, pero no es lo habitual. Para entender mejor un territorio debemos acudir a ellos.

Bebamos vino. Al final, todos podemos preferir una zona determinada, pero si nos gusta disfrutar del vino, buscamos un perfil determinado sin importarnos su origen. Por eso, bebamos vino sin fijarnos en la procedencia. Busquemos los perfiles que más nos apetezcan y miremos la zona de producción después de beberlo. Dejémonos llevar por nuevas sensaciones o acurruquémonos en los sabores conocidos. Todo vale. Compartamos esa alegría en compañía.

VINO «COCA-COLA»

No me refiero al calimocho (vino con Coca-Cola). Me refiero a los vinos globales. Aunque procedan de zonas diferentes, están elaborados por los mismos enólogos, las mismas variedades, barricas, levaduras y técnicas. Por eso son todos iguales. Como la Coca-Cola de diferentes países: no es idéntica, pero la reconocemos.

Los vinos globales quieren agradar a un público general. Son buenos y de paso por boca fácil. Eso no es malo, pero en ocasiones se pierde la particularidad de cada territorio.

Los vinos blancos

Blancos frescos, blancos sedosos, blancos verdes dan variaciones en el paladar. A menudo vinos sencillos, con una sola realidad. Existen blancos con amplias fragancias que parecen macerados con frutos tropicales.

EL MUNDO DE LOS BLANCOS

Dependiendo de la elaboración y de su paso por madera, los vinos adquirirán unos matices u otros. Nuestra clasificación genérica agrupa los blancos más habituales que encontramos en los comercios.

Vinos blancos ligeros y neutros. Son blancos de color acerado con reflejos verdosos. Los aromas recuerdan a manzanas ácidas y notas vegetales. Su paso por la boca es ligero, y deja una boca poco expresiva. Resulta ideal para el consumo de marisco. Los vinos verdes se ajustan perfectamente a estos parámetros: el txacolí vasco y el ribeiro gallego nos dejan una boca fresca, ligeramente ácida. Los vinos blancos elaborados con palomino fino, de la zona de Jerez, tienen aromas de generoso. En boca, más neutros que los anteriores. En Francia, los muscadet del Loira son los acompañantes perfectos para un buen plato de ostras atlánticas; el aligoté de la Borgoña, base del kirk, un combinado de vino blanco con cre-

El correcto equilibrio de maduración de la uva ayudará a elaborar blancos frescos y aromáticos.

ma de casis. En Italia son especialistas en estos tipos de vinos: el frascati, el verdicchio o el pinot grigio.

Vinos blancos frescos y aromáticos. Son vinos más consistentes que los anteriores, de color amarillo pálido, limón o paja, según la añada, y aromas afrutados y florales. En boca se muestran densos, con final fresco e intenso, ideales para platos de pescado. En España los encontramos en todo el territorio, ela-

> **BÂTONNAGE** Este término francés significa «remover con un bastón». Es una práctica que se realiza en las barricas donde se han fermentado vinos blancos. Su objetivo es mezclar las lías con el vino, para aportarle consistencia.

borados con las variedades autóctonas: viura, verdejo, parellada, xarel·lo... Los penedès blancos son el
ejemplo perfecto. En Rueda, los vinos con verdejo
son muy suaves en boca. También destacan los blancos de Alella, de La Rioja y de la Conca de Barberà.
En Francia, los burdeos blancos son vinos muy intensos con finales acídulos para nuestros paladares mediterráneos. Algunos rieslings alemanes y austríacos
entran también en este apartado.

Vinos blancos con aromas potentes. Los aromas
intensos son su característica principal. Aromas de
moscatel, de lichis, de frutos tropicales... como si alguien hubiese abierto el frasco del perfume. Vinos
elaborados a base de albariño, sauvignon blanc, muscat, gewürztraminer, la torrontés argentina y la viog-
nier. Vinos de aperitivo que combinan con platos de
pescado azul o muy condimentados. En España encontramos los albariño (Rías Baixas), los sauvignon
blanc (Rueda), el gewürztraminer del somontano, los
moscateles y las malvasías secas (Alicante, Valencia).
Pero los reyes de entre estos vinos de aroma son los
alsacianos.

Vinos blancos sedosos e intensos. Tienen tonos
tostados. En la nariz aparecen notas ahumadas, com-
binadas con compotas y mermeladas. Sabores sedosos y largos en el paladar. Combinan con platos de

VINOS TURBIOS Los ribeiros turbios son vinos que no han sido filtrados antes de ser embotellados. Así conservan las lías finas que aportan turbidez a los caldos.

pescado bien cocinados, arroces mixtos y carnes
blancas salseadas. Son blancos con estructura, fermentados en barrica o criados sobre lías. La variedad
más habitual es la chardonnay, utilizada en los vinos
de Meursault o Puligny-Montrachet, en la región de
Borgoña, de donde es originario el sistema de elaboración. En España numerosas bodegas elaboran este
tipo de vinos con diferentes variedades. Los chardonnay californianos y australianos son vinos realmente
apetitosos. En este grupo incluimos los caldos criados en barrica. Los vinos blancos clásicos de La Rioja
reflejan este sabor.

Una cata de vinos blancos

Para apreciar los distintos matices de los vinos blancos, proponemos esta sencilla elección de caldos. Comparando los vinos es más fácil diferenciar los aromas frescos de los de crianza, los reflejos verdosos de los dorados y los sabores sedosos de los frescos. Si cata estos vinos tendrá una visión de los tipos de blancos que se encuentran en el mercado:

1. Blancos ligeros y neutros. Vino joven del Penedès, ribeiro, vino de la Mancha de la variedad airén, txacolí y vino de la Tierra de Cádiz de la variedad palomino fino.

2. Blancos frescos y aromáticos. Vinos jóvenes de varias denominaciones españolas, como Alella, Penedès y Rueda (con verdejo).

3. Blancos con aromas potentes. Vinos elaborados con las variedades albariño (Rías Baixas), sauvignon blanc (Rueda), moscatel seco (Alicante, Valencia); vinos con fermentación en barrica o criados sobre lías: albariño (Rías Baixas), chardonnay (Penedès, Somontano) y garnacha blanca (Priorat, Terra Alta), y vinos de crianza: un rioja blanco clásico de los que quedan pocos.

Los vinos rosados

Vinos delicados con perfumes de fresones y flores suaves. Rosados corpulentos con aromas herbáceos que conservan la frescura de los vinos blancos y en los que se intuye la suavidad de los tintos.

Viñedos de Navarra. En esta región se elaboran vinos rosados de primerísima calidad.

BUENOS ROSADOS

Lo más seguro es que, al pensar en un rosado, le venga a la mente un vino de batalla... Pero en realidad existen rosados extraordinarios de aromas de fruta roja y sedosos, muy agradables en la degustación. Son vinos redondos y fáciles de beber; una opción válida y más fresca para los bebedores empedernidos de vino tinto.

Rosados tiernos y afresados. Son rosados de coloraciones suaves (rosa tierno, rosa salmón) que tienden a los tonos anaranjados. En nariz, dan una suave

TÓPICOS DEL PASADO
Cuando empezó en España la cultura de los vinos de calidad, se decía: «El rosado de Navarra, el tinto de La Rioja y el blanco del Penedès». En realidad, podemos encontrar buenos ejemplares de los tres tipos de vino en todas las denominaciones españolas. Cada vino tendrá la tipicidad de su zona de producción.

y apetitosa fragancia de fresones. En boca, son amplios y equilibrados, muy refrescantes. Son los rosados clásicos que en España están elaborados a base de uva garnacha y cariñena. En Navarra los rosados son verdaderas joyas, suaves y frescos. Cigales elabora rosados jóvenes garnacha, tempranillo y verdejo. La aportación del verdejo (variedad blanca) da tonos florales al vino. Curiosos son los rosados de crianza, denominados «claretes», con tonos evolucionados de piel de cebolla y fragancias de fruta madura, más cálidos en boca. Otras zonas de producción son Penedès; Jumilla (con rosados de bobal, monastrell y garnacha); La Rioja, con sus mezclas de uvas blancas y tintas. Como en los otros vinos, los enólogos buscan que los caldos rosados tengan esta fruta, porque de otro modo se vuelven vinosos, suaves y agradables al paladar, pero sin vida. En Francia son excelentes los rosados de garnacha de la Provenza. En el valle del Ródano se encuentran los más famosos de Francia: los de la AOC Tavel, vinos que marcan la tendencia actual en nuestro país. Una curiosidad de la región de la Champaña es el Rosé de Riceys, elaborado con pinot noir. En Estados Unidos son famosos los blush zinfandel californianos, de carácter dulzón.

SEGUNDAS MARCAS Todas las bodegas tienen segundas marcas. Generalmente, son vinos de inferior calidad, pero a veces surgen sorpresas agradables, porque por razones comerciales se embotellan en segundas marcas vinos superiores a precios más ajustados. Fíjese en el registro de embotellador (RE) y conocerá quién es el autor real del vino.

Los rosados modernos lucen unos colores auténticamente «invitantes», que nos incitan a su consumo.

Rosados vegetales de color frambuesa. Son vinos de tonalidades frambuesa y toques azulados. Brillantes e intensos debido a su estructura, que resiste mejor el paso del tiempo. Aroma vegetal acompañado de frutos rojos ácidos (grosella, fresa, frambuesa). Son equilibrados y vivos a su paso por boca, y tienen una notable profundidad gustativa, explosivos en boca. Son rosados elaborados con cabernet, merlot y syrah, aunque también se encuentran caldos con tempranillo. Estos caldos se asemejan a los tintos, y con frecuencia son el producto de concentrar los vinos tintos, separando una parte del mosto y fermentándolo a temperatura de vino blanco. En la zona del Penedès encontramos buenos ejemplos de este tipo de vino. En Somontano destacan los vinos de cabernet, con una cuidadísima elaboración. En Ribera del Duero, rosados de tempranillo. En Francia son agradables los cabernets d'Anjou, en el valle del Loira.

Rompamos una lanza. Los nuevos rosados son vinos muy interesantes, realmente agradables y frescos. Nada tienen que ver con la sensación vinosa que

recordamos. Atrévase con ellos: se sorprenderá de lo virtuosos que son en el maridaje.

Un ejercicio de cata

Los colores y aromas del rosado son muy evidentes en la cata. En la tabla le proponemos una cata comparativa. Cuando ponga una copa al lado de la otra, verá las evidentes diferencias. Si no sabe definir el color con palabras, no se preocupe.

Degustación de caldos rosados

Cata comparativa. Cate un rosado clásico de Navarra, un rosado joven de Cigales y un rosado elaborado con cabernet sauvignon y merlot del Penedès. Observará las dos tipologías claras de rosado disponibles en el mercado.
Cata y terruño. Cate un rosado chileno, un tavel francés y un rosado de Cariñena: podrá comprobar lo diferentes que pueden llegar a ser los vinos nacidos en latitudes y climas distintos.

Tintos de crianza

Los vinos tintos son considerados los reyes del baile. No es que los otros vinos no sean buenos; pero la variedad y riqueza de los tintos es más evidente. De todas formas, siempre habrá un vino para cada ocasión y cada momento demandará su vino.

Tiempo de crianza

Según la maduración de los vinos, los tintos tienen diferentes denominaciones. Estas denominaciones son a veces muy estrictas, de tal manera que muchos vinos no se rigen ya por estos parámetros.

El sistema de La Rioja. Para comprender qué significa cada tinto, es mejor basarnos en una denominación calificada como la riojana. Esta denominación marca el envejecimiento exacto que deben tener las botellas antes de salir al mercado. Cada botella lleva en la parte posterior una contraetiqueta producida por la Fábrica Nacional de Moneda y Timbre, que el Consejo Regulador entrega a su vez a cada elaborador.

Los tintos de La Rioja, según su envejecimiento, son los siguientes:

- Cosechero. Vino tinto joven del año.
- Crianza. Para salir al mercado, el vino debe tener veinticuatro meses de maduración. Un mínimo de doce meses debe permanecer en barrica.

La Rioja, Ribera de Duero, Bierzo y el Priorat son las zonas donde se elaboran los tintos españoles de mayor concentración. Entre estos vinos destacan Grandes Añadas, Pingus, La Faraona y L'Ermita, algunos de los tintos españoles más «preciados» y apreciados en la actualidad.

- Reserva. Para salir al mercado, los vinos deben madurar durante treinta y seis meses; y doce, como mínimo, en barrica.
- Gran Reserva. Tienen una maduración más larga. Dos años en barrica y tres en botella antes de salir al mercado.

Con estas premisas, a grandes rasgos, sabemos que un cosechero será consumible en sus dos años posteriores; los crianzas evolucionarán a lo largo de cinco años; los reservas, de ocho a diez años; y los grandes reservas, de diez años en adelante. Esta vida útil dependerá en gran medida de la calidad de la añada: los vinos de añadas excelentes tendrán más larga vida.

Las nuevas crianzas. La ventaja para el consumidor del sistema Rioja es que permite beber los vinos cuando son adquiridos. Son vinos que ya están redondos. La otra tendencia, en España, es vender los vinos una vez son embotellados o con una maduración corta en botella. Es el sistema de venta clásico en Burdeos y en otras muchas partes del mundo. De esta manera, el aficionado hace la crianza del vino en su casa, para lo que debe saber cuándo el vino está maduro, con sus conocimientos de la zona vitícola, en su punto óptimo de consumo. En España esto ocurre con los vinos del Priorat, los nuevos riojas y otros tintos. Con los nuevos riojas sucede algo curioso: hay vinos que llevan la contraetiqueta de cosechero o crianza y sin embargo son grandes reservas. La razón es que los elaboradores sacan el vino al mercado antes de pasar los tres años en botella y por ello no pueden colocar la contraetiqueta correspondiente.

Semicrianzas. Son vinos, a medio camino entre el cosechero y el crianza; son habituales en Ribera del Duero para los vinos más jóvenes, pero en otras denominaciones españolas también se trabaja con este concepto. Consiste en dar al vino un ligero paso por barrica. Con esta corta maduración, los vinos conservan la fruta de los vinos jóvenes y están sazonados por agradables tonos de madera y ahumados. Los vinos son más potentes y redondos en boca.

NO EN TODAS El «sistema Rioja» no está implantado en todas las denominaciones de origen. Aunque en general todas son parecidas a las riojanas, a veces hay etiquetajes que pueden llevar a la confusión. Confíe en su vinoteca de cabecera para estas aclaraciones.

Cata de vinos de crianza

Lo interesante en esta degustación es que pueda comparar las tonalidades de los diferentes tipos de vino, conocer sus edades y comparar sus aromas.

1. Cata vertical. Cate toda la gama de una misma bodega: cosechero, crianza, reserva. Así podrá valorar los cambios de tonalidades y de aromas. Al ser los vinos de un solo elaborador, los caldos seguirán el mismo patrón del enólogo.

2. Cata horizontal. Cate una misma añada de vinos de las diferentes denominaciones españolas: La Rioja, Ribera del Duero, Cariñena, Penedès, Campo de Borja, Alicante, Yecla, La Mancha, Vinos de Madrid... Así podrá valorar cómo varían los vinos según la climatología.

3. Cata varietal. Pruebe vinos monovarietales, de variedades autóctonas como tempranillo (o sus homólogas), garnacha y monastrell, y foráneas, como cabernet sauvignon, merlot y syrah. Si la selección es correcta, podrá formarse una buena composición sensorial de cómo se expresan.

El mundo de los tintos

Si recorriéramos el planeta con interés enológico hallaríamos
infinidad de tintos con diferentes cualidades: tintos sedosos y
amplios, tintos densos y largos, tintos de aromas balsámicos...
Déjese invadir por gustos nuevos y no recurra a los vinos
que siempre pide en el restaurante.

Francia se ha distinguido siempre por la calidad de
sus caldos. Burdeos ondea con su Château Petrus;
Borgoña se sublima en La Tâche, y del valle del Ródano
sale el exquisito Hermitage.

UN VIAJE POR LOS TINTOS

La clasificación que le proponemos es arbitraria,
pero le permitirá una primera aproximación a los vinos tintos del mundo. Los tintos españoles están en
alza en el panorama mundial, por su gran calidad y
su estupenda relación calidad-precio.

Tintos con fruta y redondos. Son vinos de color
rojo picota intenso, con ribetes morados que denotan
su juventud. Aromáticamente, presentan notas de
frutos rojos (frambuesas, grosella negra, fresas silvestres) muy potentes. En boca son sabrosos y redondos,
con finales frescos. Son vinos sencillos que persiguen
hacernos disfrutar sin complicaciones. Entre ellos hay
muchos vinos jóvenes españoles de La Rioja, La Mancha, Campo de Borja, Toro, Ribera, Valdepeñas, Yecla.
Son vinos del año elaborados con garnacha, tempranil-
llo o monastrell que, cuando son muy densos, presentan a veces aromas de fruta madura. En Francia, los
vinos jóvenes del Beaujolais, de maceración carbónica, son más ligeros al paladar; son muy interesantes
los vinos nuevos del Pays d'Oc, con syrah y merlot.
Este estilo de vino está muy extendido en territorios
anglosajones: California, Australia, Nueva Zelanda.

Tintos cálidos, balsámicos y especiados. Vinos de
guarda rojo cereza picota suave con ribetes ya evolucionados. En nariz presentan rasgos de evolución
balsámicos y especiados, dependiendo de la variedad
vinífera. En boca son redondos, carnosos con finales
cálidos, en su óptimo de calidad. En España, los tintos del Priorat son realmente balsámicos y minerales
con aromas de tomillo y romero; vinos de la Terra
Alta, de Cariñena y de tierras del Bajo Aragón, vinos
que proceden de viñas viejas. Algunos tintos de monastrell en Alicante. En este grupo incluimos los balsámicos vinos de shyraz australianos o franceses (valle del Ródano). Los malbec argentinos apetecen por
su poder aromático envolvente. El zinfandel califor-
niano es un vino cálido y especiado al paladar.

Tintos intensos de fruta madura. Son vinos con
densidad colorante y capa media-alta. Aromas de

frutas pasas con evoluciones en crianza ahumadas, especiadas. Sabores redondos, contundentes, densos, y largos en posgusto. Estos vinos, que buscan fruta con la combinación de los caracteres aromáticos, son la moda actual. Es difícil hacer una selección, porque hay infinidad, pero entre los españoles destacamos los vinos del Somontano, los de Ribera del Duero, crianzas y reserva, algunos tintos del Penedès, los tintos de Navarra y los reserva de Toro. Hay que citar también algunos vinos con cabernet sauvignon, merlot en *coupage*, cabernets de Chile, Bulgaria, Australia. Los burdeos con merlot y cabernet sauvignon o cabernet franc dan estas notas en juventud, que evolucionan a tonos teja y aromas más complejos.

Tintos elegantes y suaves. Son vinos de colores no tan intensos, con menos capa. Presentan notas de fresas cuando son jóvenes y aromas de crianza de pimienta y cuero. En boca son sedosos y equilibrados y no son tan intensos como los anteriores. Estos vinos no se encuentran entre los predilectos actualmente. En España, son los vinos elaborados a base de cariñena y tintos clásicos a la antigua usanza. En la Borgoña, los vinos a base de pinot noir recuerdan estas notas de cata. También hallamos estos vinos en California (Carneros, Napa Valley) y Nueva Zelanda, pero no alcanzan la profundidad de los borgoñas.

Los vinos más caros. El vino, como cualquier obra de arte, tiene el precio que se esté dispuesto a pagar por él, porque hay un momento en que superan el valor de su producción. En España ostentan este puesto Pingus, en Ribera del Duero, y L'Ermita, en el Priorat. En el ámbito internacional, Domaine de la Romanée-Conti (Borgoña) o un Egon Muller TBA alemán.

Los vinos tintos actuales basan su estructura en la maduración de los polifenoles de la uva.

Explotaciones de vinos de California. En el célebre valle de Napa, los viñedos de cabernet sauvignon son los que se llevan el protagonismo.

PARA GUARDAR

Cuando compramos una botella de vino que debamos guardar, es difícil de prever cuándo nos la podremos tomar. La única forma es consultar qué tiempo de maduración tienen los vinos de esa denominación. En el vino todo es muy relativo, y cada denominación de origen es un mundo en sí misma.

Los vinos espumosos

Son los vinos por excelencia cuando debemos celebrar algún evento. La base de todas las elaboraciones es el método champenoise. Cavas y champañas son los espumosos que dominan el mercado mundial.

Botellas de espumoso en crianza.

El cava

El método *champenoise* lo introdujo en tierras catalanas, en 1872, Josep Mª Raventós i Fatjó. Aunque un 97 % de la producción se concentra en el Penedès, es una denominación amplia, pues se elabora en diferentes zonas de España.

Las variedades. Para elaborar el cava se utilizan variedades blancas y tintas. Las clásicas son macabeo, xarel·lo, parellada y una foránea, la chardonnay. Estas uvas hacen del cava un espumoso más ligero que el champaña y más sencillo de beber.

La uva tinta pinot noir aporta más consistencia a los cavas.

La crianza. El vino de base cava es un cupaje de vinos de la misma añada. El período de crianza es de un mínimo de nueve meses, aunque la crianza de la gran mayoría de las marcas oscila entre dos y tres años. La denominación «gran reserva» se utiliza para crianzas superiores a los treinta meses y «reserva», para un mínimo de quince meses.

Vintage. Son los únicos cavas que marcan el año de la vendimia en la etiqueta. En algunos figura la fecha de degüelle, lo que permite al consumidor saber el estado de conservación del espumoso y valorar si es correcto. La inclusión de esta información seguramente se extenderá a todos los cavas de calidad.

Mejor en Magnum. La botella magnum, donde la superficie de contacto de las lías con el líquido es superior, está mejor valorada que la botella normal: el sabor en cata es más completo y con más matices.

El champagne

Este espumoso nace de la aplicación del método *champenoise* ideado por Dom Pérignon (1639-1715), monje bodeguero de la abadía de Hautvillers. Se elabora en la región francesa de la Champaña, situada al norte del país. Las ciudades del champaña (*champagne*) son Épernay y Reims.

El nombre, protegido. El nombre «champagne» está protegido por la AOC de Champagne. Por eso en las etiquetas del resto del mundo se indica «método tradicional» para idéntico proceso de elaboración. Solo son champaña los espumosos producidos en esa región.

Las variedades. Una de las particularidades de este vino es que está elaborado con dos variedades tintas (pinot noir y pinot meunier) y una variedad blanca (chardonnay). Para lograr el típico color del champaña, las prensadas de las variedades tintas son muy suaves.

Blanc de blancs, blanc en noirs. Estas dos clases de champaña se refieren a las variedades con que han sido elaborados. Si la etiqueta marca «blanc de blancs» (blanco de blancos), quiere decir que el espumoso ha sido elaborado con la variedad blanca chardonnay. En cambio, si se especifica «blanc en noirs» (blanco en negros), el vino está elaborado con las variedades tintas pinot noir y pinot meunier. Generalmente, los champañas están elaborados con las tres variedades, a no ser que la etiqueta indique lo contrario.

Mezcla de añadas. Los vinos de base de los champañas son mezclas de diferentes añadas, a excepción de los *millésimé*. El clima extremo característico de esta región septentrional asegura una calidad más homogénea en todos sus productos. La crianza mínima de los champañas es de quince meses.

Dom Pérignon preside la entrada a las bodegas Moët et Chandon, en Reims, la capital del champaña.

Explotación del Penedès, una de las principales regiones de vinos espumosos del planeta.

Los otros espumosos franceses. Se denominan crémant, y son famosos los producidos en la Borgoña, con notas a miel, y los del valle del Loira. El blanquette de Limoux es otro espumoso con perlaje más suave y notas a manzana. Este espumoso está considerado como el precursor del champaña.

ESPUMOSOS DEL MUNDO

Los espumosos italianos se elaboran con chardonnay y pinot noir. El más célebre es el asti spumanti, en sus versiones dulce y seca. El prosecco es un semiseco elaborado por el método charmat.

Los sekt alemanes son espumosos ligeros, elaborados con riesling, müller-thurgau y sylvaner con crianzas de nueve meses. Los vinos espumosos australianos, neozelandeses y californianos son de buena calidad, con gustos redondos y agradables al estilo champaña, puesto que la mayoría son filiales de empresas francesas. En Argentina, se elabora con las variedades habituales. En Chile los espumosos se elaboran con chardonnay y pinot noir.

ENFRIAMIENTO RÁPIDO Lo ideal para enfriar una botella de espumoso sería ponerla en un cubo de agua con hielo. En situaciones de urgencia añada sal; la botella se enfriará más rápidamente. Si coloca la botella en el congelador, remójela antes para que se enfríe mejor; el líquido transmite mejor el frío. En cualquier caso, el frigorífico será siempre una buena solución.

Los vinos generosos

Aparte de los vinos de Jerez y los de Oporto, existen en el mundo otros caldos generosos dignos de ser mencionados. Estos vinos nobles están redescubriéndose, y algunos tienen particularidades que son curiosas por su diferencia.

VINOS DULCES NATURALES

Estos vinos adquieren su dulzura a partir de los azúcares naturales de la uva. Son vinos sedosos e intensos, con aromas de pasas: un lujo para el paladar del iniciado. Vinos que buscan la complicidad, en el contraste, del *foie* y los quesos azules. En el maridaje, los postres dulces.

Los célebres châteaux (castillos) son las explotaciones típicas francesas. Por lo general se encuentran situados en medio de las viñas, ejemplo de armonía entre arquitectura y paisaje.

Podridos con nobleza. Sauternes, Barsac y Monbazillac son vinos dulces bordeleses elaborados con la ayuda de la podredumbre noble (véase capítulo «Los generosos: clásicos y actuales»). Solo se vendimian las uvas «podridas». En algunas bodegas, como el Château d'Yquem, se pasa por las viñas varias veces para recolectar los granos nobles, podridos y sobremadurados. Son vinos grasos, sedosos, con tonos almibarados. Aromas de piña, caramelo ácido. Lo curioso de estos vinos es su frescura en boca, aunque su graduación alcohólica sea mayor de 14°.

¿El número uno? Tokaji es un vino elaborado en Hungría, con uvas de podredumbre noble (aszú). El proceso es muy artesanal: después de dejar reposar las uvas entre seis y ocho días, estas se amasan formando una pasta, que se añade a un mosto en fermentación. Según la cantidad de pasta que se añada, los vinos tendrán de tres a seis puttonyos. Una vez mezclado, se dejan reposar en barricas durante tres años como mínimo. Estos vinos son frescos, con intensas notas finamente afrutadas. El mejor tokaji es la Eszenzia, un vino que puede llegar a tener treinta años de envejecimiento en barrica. Si tiene la oportunidad de probarlo, descubrirá la finura del dulce, un regalo para los sentidos.

Vinos helados. Las uvas de los eiswein se vendimian cuando están heladas, de ahí su nombre en alemán: «vino de hielo». Se producen en Alsacia (Francia), Alemania, Canadá... La congelación causa la rotura de las vacuolas de las células vegetales, que es donde se concentran los aromas. Son vinos muy sedosos y con aromas muy perfumados a fruta confitada.

Dorados por el sol. Fondillón es un vino elaborado en Alicante a partir de la variedad monastrell. Tras

El hongo más apreciado, la *Botrytis cinerea*, es el responsable de la podredumbre noble.

una sobremaduración o «soleado» (dejar las uvas al sol para que se pasifiquen), el mosto se deja fermentar en toneles de roble con fondos de vino rancio. La fermentación dura entre dos y tres meses, para después envejecer largo tiempo en la barrica. La variedad monastrell es tinta. Durante la crianza, los fondillón pierden su tonalidad roja y aparecen los reflejos dorados.

Otros dulces. Los vinos dulces se elaboran a lo largo de todo el territorio español. No debemos olvidar los finos moscateles y malvasías de la zona de Alicante y Valencia, sedosos y con ese aroma inconfundible a moscatel. En Galicia destaca el vino tostado, un caldo oscuro y concentrado que se elabora a partir de uvas de podredumbre noble; en Lanzarote, las malvasías dulces, con su final de boca fresco; en la zona de Tarragona, los rancios que se elaboran por el sistema de «sol y serena», que consiste en dejar los vinos encabezados en garrafas a la intemperie para que se oxiden. Los vinos de misa, en fin, también son dulces con la intercesión divina.

Organizar una cata de vinos generosos es más complicado que de vinos tranquilos. Al ser más consistentes y densos, la cata es más pesada para nuestro paladar y la boca queda más afectada por los sabores. Finalizar una cata de muchos vinos tranquilos con una copa de generoso, nos redondea la boca y protege nuestro estómago. No se pueden catar tantos vinos generosos como vinos tranquilos. Lo mejor es agruparlos por temas. Aquí ponemos algunos ejemplos:

Jerez. Cate un manzanilla, un fino, un amontillado, un oloroso y finalice con un Pedro Ximénez. Será un gran final y valorará las diferencias.
Oporto y rancios. Cate un ruby, un tawny joven y un *old* tawny. Si su bolsillo se lo permite, pruebe a finalizar con un *vintage*, o en su lugar, también puede introducir un rancio añejo de Tarragona.
Vinos dulces naturales. Cate un muscat de Rivesaltes, un tokaji de tres puttonyos, un eiswein alsaciano o alemán, un moscatel dulce de Valencia y un muscat de la isla griega de Samos.

VENDIMIAS TARDÍAS
Son uvas que se recolectan sobremaduradas. La sobremaduración concentra los azúcares del fruto, los pasifica. Para ello se recolectan más tarde de lo habitual, incluso durante los primeros fríos del invierno. En las etiquetas francesas se indica como «*vendanges tardives*».

Espirituosos

Los destilados constituyen la pura esencia del vino. La destilación busca, mediante el calor, el espíritu. Brandis, coñacs, armañacs, orujos y grapas son diferentes versiones de aguardientes, esencias que tras una crianza en barrica de roble adquieren tonalidades maderizadas.

El ensamblaje de los aguardientes ayuda a su afinamiento.

DESTILADOS DE VINO

Hay vinos, de acidez elevada con aromas finos, que se elaboran especialmente para ser destilados. Vinos de baja graduación —entre 7 y 10,5°— que gracias a la técnica del destilado llegarán a ser potentes aguardientes.

Los tres alcoholes. Al finalizar la fermentación alcohólica, y sin realizarse la fermentación maloláctica, los vinos se introducen en los alambiques de destilación. La destilación consiste en separar el alcohol del vino mediante calor. En este proceso de destilación podemos diferenciar tres tipos de alcohol:

- *Las cabezas.* Es el primer líquido que se destila. Contiene proporciones elevadas de metanol, tóxico para el consumo humano; por eso se separan y, en algunos casos, se vuelven a destilar.
- *El corazón de la destilación.* Cuando la temperatura del destilador llega a los 80 °C comienza a extraerse el etanol, que es el alcohol que interesa para elaborar los espirituosos.
- *Las colas.* Se destilan alcoholes de cadena larga, que darían gustos pesados y muy duros a los destilados, y también se separan.

Para elaborar un destilado fino es importante separar las cabezas y las colas, a fin de quedarse con el corazón. Los destilados que nos causan dolor de cabeza es porque son de una calidad inferior y, en algún caso, pueden contener cierta concentración de metanol.

Dos destilados para un coñac. Elaborado en la región de Cognac, en la parte oeste de Francia, a partir de las uvas blancas colombard, folle blanche y, sobre todo, ugni blanc, el coñac es un aguardiente con doble destilación. En la primera se consigue el brouilli, destilados entre 25 y 30°; en la segunda, la graduación alcohólica llega a 70°. Este aguardiente es el que envejecerá en las barricas de roble francés, como el de Lemosín y el de Tronçais. Las barricas son de maderas densas, para evitar la evaporación del alcohol. Algunos coñacs pueden llegar a crianzas de más de treinta años, y el período mínimo de envejecimiento es de treinta meses. Esta madera aporta al espirituoso tonos caoba y aromas especiados. Finalmente, antes de ser embotellado, el destilado criado se rebaja con agua pura hasta los 40°.

Perfume de armañac. Si el coñac es la elegancia, el armañac es la plenitud. El armañac, mucho más perfumado que el coñac, tiene destilación única y en sistema continuo. En la destilación, obtenemos un aguardiente de entre 53 y 63°. Reposa en barricas de roble procedentes exclusivamente del bosque de Monlezún. Estos robles tienen maderas más oscuras, que transmiten el color al aguardiente. El destilado traerá aromas de ciruela pasa y frutos secos. En boca, es potente y aterciopelado. Los períodos de crianza son parecidos a los del coñac y también se rebajan para ser embotellados.

El brandy español. Llamamos brandy al aguardiente de vino elaborado en España. Las dos zonas de producción son Jerez, en Andalucía, y Cataluña. Los brandis tienen doble destilación. En la primera se extrae un alcohol llamado «flema», aguardiente de 27 a 30°. En la segunda destilación se concentra hasta llegar a graduaciones de 69 a 70°, son las denominadas «holandas», un término muy utilizado cuando se catan espirituosos.

Roble y brandy. Los brandis de Jerez se crían en barricas de roble americano, de 500 litros de capacidad, y botas que han contenido vino de Jerez. El brandy catalán se cría en barricas de roble francés. En Jerez, los brandis de «Solera» se crían durante seis meses; los «Solera Reserva», a lo largo de un año mínimo; y los «Solera Gran Reserva», durante tres. Son aguardientes más sedosos y aterciopelados que los franceses.

Orujos y grapas. En Galicia existe una gran tradición de orujo casero. El orujo es el destilado del alcohol producido por el residuo del prensado de la uva. Muchos de ellos, debido a que no siempre se domina la técnica de la destilación, no son muy finos. Actual-

mente, encontramos en el mercado orujos suaves y elegantes que recuerdan mucho los aromas de la uva. La variante italiana, la grapa, también recuerda estos aromas.

Destilados de vinazas

Las vinazas son los residuos del vino: el escobajo, la piel y las pepitas. En ellas quedan restos de azúcar que, al fermentar, producen alcohol. Este alcohol se destila para obtener un aguardiente que no resulta tan suave como los destilados de vino, pero tiene más profundidad.

LA COPA DE AGUARDIENTE Para beber destilados es recomendable una copa de menor capacidad que la típica copa balón. De esta manera se aprecia mejor el perfume del destilado.

El ritual del vino

Nuestra cultura vinícola se remonta a milenios de antigüedad. La civilización cristiana y latina introdujo el vino como parte de la liturgia divina. El vino se revistió entonces de un aura que todavía hoy le da preeminencia ante el resto de bebidas que consumimos. Los ritos ayudan a envolver los vinos de una magia especial. Entrar en el mundo de los iniciados al vino puede acabar por elevarnos a más altos niveles de sensibilidad. En este capítulo mostraremos multitud de elementos en torno al mundo del vino.

Las botellas, el tapón, las vinotecas, los restaurantes, el servicio del vino y muchos otros factores constituyen piezas esenciales en el protocolo del vino. No son propiamente vino, pero nos acompañan en la cata. Con todo, aunque el ritual sea importante, no se deje impresionar: los vinos deben hablar en la copa. Es importante saber leer una etiqueta de vino, porque nos ayudará a hacer nuestra selección. La hora de la verdad llega al descorchar la botella. Si conocemos los protocolos, conocemos asimismo los lenguajes comunes entre los expertos. Así sabremos cómo actuar en las «situaciones vínicas». Nos sentiremos seguros y podremos disfrutar del placer realmente importante: la degustación tranquila de un vino.

La botella

El ritual del vino empieza cuando seleccionamos la botella. Su presencia, su color y su etiqueta nos predisponen a pasar una agradable velada. Incluso una botella cubierta del polvo de la bodega nos invita a descubrir un tesoro guardado en el oscuro silencio de la crianza.

Cada región su botella: de izquierda a derecha, Oporto, Rin, Borgoña, Burdeos y Champaña.

LOS RECIPIENTES VINARIOS

A lo largo de la historia el vino ha sido transportado en muchos recipientes muy diferentes. Pero no hay duda de que las botellas de vidrio son las que conservan mejor el vino a lo largo de los años.

Primeros recipientes. Probablemente el primer recipiente vinario fueron los odres, elaborados con piel de cabra. Los vinos adquirían así gustos de resinas y de cuero. Egipcios, griegos y romanos utilizaron las ánforas de barro. En esas épocas, los vinos eran dulzones y se les añadían resinas y hierbas aromáticas para que se conservaran bien. La porosidad de la cerámica no era lo más apropiado para el envejecimiento del vino. Los romanos introdujeron el tonel procedente de los galos de Provenza y Languedoc. Los toneles elaborados con madera de castaño eran buenos para el transporte, pero en según qué ocasiones, se oxidaban demasiado. Así nacieron los vinos generosos. Los egipcios ya conocían el vidrio, pero era demasiado ligero y frágil. El vino lo deterioraba. El vidrio quedó relegado a las artes suntuarias. Finalmente, en el siglo XVII se dominó la dureza del vidrio y empezó su empleo en enología.

La crianza lenta. En la botella de vidrio se consigue un envejecimiento lento del vino, en ausencia de oxígeno. Hay expertos que hablan de crianza rápida cuando el vino está en el tonel. Los vinos ralentizan el añejamiento en la botella.

LOS TIPOS DE BOTELLA

La botella habla de la calidad del vino que contiene: los elaboradores escogen las mejores para conservar sus grandes vinos.

Burdeos. La bordelesa es una botella muy utilizada, porque tiene un buen almacenamiento. Es cilíndrica, con los hombros altos. Generalmente es de colores oscuros para preservar mejor el vino, aunque puede ser transparente para los blancos. El consumidor la valora para vinos de calidad; pero la borgoña le pisa los talones.

Borgoña. Esta botella gruesa tiene los hombros caídos. Utilizada para todos los vinos de pinot noir y chardonnay de la Borgoña. Se envasan indistintamente vinos tintos y blancos.

> **MEJOR BOTELLA MAGNUM** Cuanto mayor sea el tamaño de la botella, la crianza será más lenta y los procesos internos, también. En la botella magnum hay más volumen de vino, que se ve menos afectado por los cambios de temperatura externos.

Rin. Denominada renana o alsaciana, es una botella alta con colores marrones (en el Rin) y verde (Alsacia). Muy estilizada y bella para los vinos blancos.

Champaña. Botella de hombros bajos. Las paredes gruesas y el fondo cóncavo sirven para resistir la presión de los vinos espumosos. Al acabar su proceso de fabricación, una botella de este tipo puede resistir presiones de hasta 40 atmósferas. Se presentan en diferentes coloraciones, pero la más frecuente es la botella de color verde oscuro.

Otros tipos. Muchas denominaciones tienen su botella tradicional. El hecho de utilizarla es una cuestión histórica. Son especiales también, por ejemplo, las botellas de jerez y oporto, así como la Boxbeutel, botella típica de la región alemana de Franconia. También se utiliza para embotellar el vino portugués Matheus. El tokaji húngaro se embotella asimismo en una botella transparente muy peculiar.

Cónicas y nuevos diseños. En botellería han aparecido nuevos diseños que realzan la belleza del vino con el objetivo de llamarnos la atención. Otras botellas utilizadas son las llamadas «tronco-cónicas». De cuerpo cónico con hombros altos, una botella de peso que nos hace parecer mejor el vino cuando lo compramos.

EL CHAMPAÑA DEL ZAR La única botella sin el fondo cóncavo es el Champagne Cuvée Cristal, de la bodega Louis Roederer. Es un espumoso que se elaboraba en especial para el zar Alejandro II de Rusia. Las señas de esta botella eran su transparencia (un vidrio que permite ver el color del vino para detectar la posible adición de alguna sustancia tóxica) y su fondo plano (el fondo es de vidrio grueso, como un vaso de whisky, para que no se pudiera introducir un artefacto explosivo). Esta curiosa botella se encuentra todavía en las enotecas y da cabida a un espumoso de gran calidad.

A la derecha, etiqueta del histórico champaña Cristal, de Louis Roederer. Junto a ella, la del champaña rosado.

Tamaños de botella

El tamaño más habitual es el de 75 cl. La capacidad de las botellas viene indicada en la parte inferior del cuerpo de la botella. Las medias botellas son de 37,5 cl o también de 50 cl para vinos de postre y tranquilos. La magnum tiene capacidad para 1,5 litros, y está reservada a buenas añadas para crianzas más largas. Existen capacidades superiores, pero ya no son habituales. La curiosidad reside en el nombre de las botellas. Según sus capacidades se denominan:

Espumosos			
Magnum	1,5 litros	2 botellas	**Vinos tranquilos, Magnum**
Jeroboam	3 litros	4 botellas	**Imperial o doble Magnum**
Rehoboam	4,5 litros	6 botellas	
Mathusalem	6 litros	8 botellas	
Salmanazar	9 litros	12 botellas	
Balthazar	12 litros	16 botellas	
Nabuchodonosor	15 litros	20 botellas	

El tapón

Ese pequeño trozo de corcho que cierra la botella al influjo exterior es básico. Después de un trabajo intenso en la viña y en la bodega, el enólogo debe finalizar la faena: una mala elección en ese momento podría dar al traste con todo el esfuerzo anterior.

Los tapones deben tener distintas características, según el vino que estén destinados a guardar.

EL CORCHO

El corcho es la manera natural de tapar los recipientes del vino. Es un material que no afecta gustativamente el vino que contiene y le deja respirar.

Origen. El corcho se extrae del alcornoque (*Quercus suber*), árbol autóctono del litoral mediterráneo occidental. Los principales países productores son Portugal y España (Cataluña, Extremadura y Andalucía), por extensión de cultivo. El alcornoque del corcho es el «hembra», pues tiene una superficie más regular. Las extracciones se realizan cada 9 a 16 años. La velocidad de crecimiento del corcho marca su calidad: cuanto más rápido sea el crecimiento, de peor calidad será el corcho.

DEFECTOS DEL TAPÓN Cuando descorchemos una botella, podemos encontrarnos con que el corcho tiene algún defecto, que podrá transmitirse al vino o no, según la gravedad de la alteración. Estos defectos son: jaspeado (el tapón presenta manchas negras debido a un ataque de hongos); corcho verde (el corcho no ha madurado bien y está aún húmedo); corcho muy blando (en el vino pueden aparecer gustos amargos y, aromáticamente, notas de galleta); moho (los hongos desarrollan sus filamentos, que contaminan el tapón). El «olor a corcho» se denomina «tricloroanisol».

La producción de tapones. El método de extracción del corcho todavía se mantiene muy tradicional: con hachas curvadas en los calurosos meses del verano. Las planchas recolectadas se apilan, por la parte interior, madurando de diez a veinte meses. Esta fase es importante porque elimina bacterias, parásitos y

TAPONES DE ROSCA

Cada vez será más habitual ver este cierre en botellas de vino. Suelen verse en vinos blancos y tintos muy jóvenes. Estos tapones conservan mejor los aromas afrutados y florales de estos estilos de vino. En los tapones de corcho, estos son los primeros compuestos que se oxidan, se volatilizan. En algunos casos, pueden producir aromas de reducción, de cerrado porque no se oxigena tanto.

sustancias que dan amargor y matices de corcho verde, defecto muy desagradable en un vino. Después se hierven las planchas para darle mejor flexibilidad al corcho; se seleccionan los diferentes gruesos de corcho, para las distintas calidades de tapones; y se recortan las planchas a fin de darle la forma definitiva a los tapones.

Tipos de corcho. En el proceso descrito se obtienen dos tipos de corcho: el corcho de producción, de mayor calidad, destinado a la fabricación de tapones de vino; y el llamado «corcho de rechazo», que será empleado en otros menesteres.

TAPONES

Cada botella tiene un tapón determinado: diámetro, longitud y tipo de corcho dependen del vino que se vaya a preservar.

No son herméticos. La porosidad del corcho permite que haya un intercambio gaseoso entre el interior y el exterior de la botella. Este hecho facilita que los vinos evolucionen en el tiempo.

De corcho natural. Las ventajas del corcho para el taponado de las botellas son evidentes. Es un material ligero que además es elástico, compresible, impermeable, duradero y se recupera con facilidad al ser extraído de la botella. Con este material hallaremos diferentes tipos, principalmente tapones naturales, tapones colmatados, y tapones de conglomerado.

Nuevos materiales. La nueva generación de tapones surge de la necesidad de responder a los problemas que plantean los corchos defectuosos. Para el consumidor final existe siempre un riesgo al descorchar una botella: puede que el tapón sea defectuoso y el vino se haya estropeado. Generalmente, si la fabricación del tapón es correcta, solo sale un 1 o un 2% de tapones defectuosos. Con la fuerte demanda de corcho de estos últimos años, ese porcentaje ha aumentado. Por eso no se extrañe ante vinos embotellados con diam, silicona o tapón de rosca. En el mercado del vino, muy tradicional, estos cambios son lentos. Debemos seguir las evoluciones de los vinos embotellados con estos modernos materiales.

Tapones

1. Tapones naturales. Se observan perfectamente los poros del corcho. Son los tapones de mayor calidad, y lo serán más o menos en función de la porosidad: más poroso, menor calidad. Los tapones naturales se reservan para los vinos más apreciados.

2. Tapones colmatados. Los poros son rellenados de serrín de corcho. De esta manera se disminuye la porosidad del corcho. Están reservados a vinos de nivel medio.

3. Conglomerado. Son tapones producidos con pequeños trozos de corcho unidos con colas de uso alimentario. Muy utilizados para las botellas de espumoso y para vinos de aguja. También se utilizan para vinos tranquilos añadiendo 2 arandelas de corcho natural.

4. Silicona. La producción de corcho no aumenta al mismo ritmo que el consumo de vino embotellado, de ahí el éxito creciente de los tapones de silicona: son tapones constituidos por una base de corcho, a la que se ensambla un elemento de silicona llamado «preservador». Estos materiales tienen buena aceptación en los mercados anglosajones. En los países más tradicionales, como España, su aprobación es un poco más lenta.

5. Diam. Material elaborado a partir de micropartículas de corcho. En el proceso, se han eliminado las partículas responsables de los defectos aromáticos del corcho. Este material ya se utiliza para embotellar vinos de consumo rápido: blancos y rosados de añada, tintos jóvenes. También se utiliza en espumosos. Tiene una buena apariencia.

6. Silicona. Son tapones constituidos por elastómero de uso alimentario. Tapón muy utilizado para vinos jóvenes y de consumo a medio plazo. Aunque parezca muy hermético, el vino respira a través de ella.

Las etiquetas

Si las botellas realzan, las etiquetas embellecen el vino. La etiqueta hace que en muchas ocasiones nos decantemos por un vino. Más allá de las consideraciones meramente estéticas, es recomendable fijarse en determinadas informaciones. ¡Buena elección!

INFORMACIONES DE LA ETIQUETA

Las normativas europeas obligan a que las etiquetas tengan una reglamentación única. La dificultad residirá en conocer los diferentes idiomas. Déjese aconsejar por su bodeguero habitual, ya que es muy difícil conocer todos los vinos del mundo. En las etiquetas extracomunitarias, las legislaciones son parecidas, pero no tan estrictas. En las etiquetas corrientes encontramos las siguientes informaciones:

Marca o nombre comercial. Es el nombre que nos hará reconocer un vino en la estantería de un establecimiento. Buscan nuestra atención y son, más o menos, agraciados.

La crianza. Palabras como «reserva», «gran reserva» o «crianza» son términos que nos indican la forma de elaboración del vino, el tiempo de barrica y de botella. Cada denominación de origen marca sus crianzas y los tiempos de reposo que deben cumplir sus vinos. En el apartado cuarto se reseñan algunas de las denominaciones más importantes.

La añada. Marca siempre el año de cosecha de la uva. No es obligatorio, pero indispensable para los vinos de calidad. En algunos vinos especiales no se especifica. Por ejemplo:

- En los vinos espumosos: habitualmente no se especifica. Aparecen en el champaña *millésimé*, así como en algunos cavas gran reserva.

MÁS CONCRECIÓN, MEJOR VINO Un consejo genérico, pero bastante efectivo: el vino será mejor cuanto más concreta sea la especificación de la etiqueta. Por ejemplo, una etiqueta que ponga «Bordeaux» (Burdeos) bien grande, sin otras informaciones remarcables, anunciará un vino muy estándar. En cambio, si la etiqueta nos habla de la parcela vitícola donde se ha recolectado la uva, es probable que estemos ante un vino especial.

- En los oportos y jereces: son vinos de mezcla de diferentes añadas. Los *vintage* de Oporto, buques insignia de esta denominación, sí que la indican.

Las variedades de uva. No es obligatorio que se indiquen en la etiqueta. Suelen aparecer cuando la variedad tiene un valor comercial intrínseco —por ejemplo: syrah, verdejo—, o cuando se trata de vinos varietales.

Región de producción. Si el vino pertenece a una denominación de origen concreta, se especifica así en la etiqueta, ya que es una garantía de calidad.

Denominación del producto. Se refiere al tipo de vino contenido. A grandes rasgos, si es de denominación de origen o es un vino de mesa. Las diferentes clasificaciones las encontrará en el capítulo dedicado a «Las denominaciones de origen».

Nombre del embotellador. Dato importante, normalmente el embotellador coincide con el que produce el vino. El productor controla todo el proceso hasta el embotellado. Varía según los países:
- Etiquetas españolas: «elaborado y embotellado por».
- Etiquetas francesas: «mis en bouteille au Chateâu/au Domaine/à la propiété».
- Etiquetas alemanas: «Qualitätswein mit Prädikat».
- Etiquetas inglesas: «Produced & Bottled by».
- Etiquetas italianas: «Imbottigliato all'Origine».

Vinos por encargo. Actualmente en el mundo del vino se elaboran vinos por encargo. En esos casos, el etiquetado lo refleja como «embotellado para». Normalmente son productores pequeños que poseen una marca de vino y actúan en mayor o menor medida en el producto final.

Graduación alcohólica. Indica el tanto por ciento de alcohol que contiene el vino. Se expresa como 13° o «13 % by vol.».

LAS CONTRAETIQUETAS

Las contraetiquetas, cuando existen, dan mucha información de los vinos. Algunas son muy genéricas, pero otras nos aportan información acerca de cómo fue la añada, la fecha de recolección, etc.

Cuanta más información, mejor. Las contraetiquetas con muchas explicaciones ayudan al consumidor a comprender mejor el vino. No hay normativas generales en este sentido. Por el contrario, hay botellas que no explican nada. En estos casos, se presupone que el comprador conoce perfectamente las características del vino y de la zona de producción. En la actualidad, podemos encontrar mucha información de los vinos en la red.

Warning. Aparece en las botellas destinadas al mercado de Estados Unidos. Son una serie de indicaciones que cada vez encontramos más en las etiquetas europeas como : «contiene sulfitos»; «no recomendable para mujeres embarazadas»...

VINOS «COMERCIALES»

El término «comercial» a veces se emplea peyorativamente. Los vinos comerciales están pensados para agradar a un gran número de personas. Esto no quiere decir que sean malos. Al contrario, son redondos, suaves y agradables. Vinos más complicados y con más matices gustarán a menos público y, a veces, exigirán mayor atención. Dependiendo de la ocasión, adquiriremos un vino más simple y agradable, reservando los más elaborados para momentos especiales.

España, Sudáfrica, Argentina...
Las etiquetas reúnen datos comunes a elaboradores de todos los rincones del mundo.

El servicio del vino

El vino es una materia viva, y cada vino es un mundo. Si bien hay unos cuantos rudimentos básicos que los expertos deben dominar, en la experiencia reside la óptima decisión. No todo está escrito; la historia del vino la vamos escribiendo a cada momento.

En la fotografía de la izquierda se muestra la decantación de un vino que no necesita mucha oxigenación. Y en la imagen de la derecha, la decantación de un vino muy cerrado: el hecho de romper el vino permite obtener una mejor oxigenación para apreciar todas sus virtudes.

del vino. Una temperatura demasiado fría deja sin expresión los aromas de los vinos blancos y hace que los tintos resulten duros al paladar. Demasiada temperatura vuelve todos los tintos calientes (demasiado alcohólicos) y los blancos, sin elegancia.

Cada vino tiene su temperatura idónea: son lo que conocemos como las «temperaturas de servicio» en la mesa. A veces, para notar mejor las impresiones en una cata organizada, se aumenta la temperatura de los vinos. Contra gustos no hay nada escrito y cada persona cata el vino a la temperatura que desea; pero, a las temperaturas recomendadas, se aprecia mejor la expresión de los matices vínicos.

Después del descorche. Al finalizar el descorche (véase capítulo «El descorche y las copas»), servimos el vino en las copas. Si detectamos trocitos de corcho en la superficie, vertemos un poco de vino en nuestra copa o en un recipiente aparte para extraerlos. Empezamos a servir, siempre mostrando la etiqueta de la botella al comensal. Con un movimiento de muñeca, evitamos que gotee la botella o que la gota manche la etiqueta. Hay salvagotas que lo evitan, pero se pierde la estética de la botella.

La decantación

Algunos vinos pasan años e incluso décadas encerrados en una botella. El vino necesita respirar, recupe-

El servicio

Un vino sencillo puede resultar especial si realizamos toda la etiqueta del descorche y lo servimos a la temperatura correcta y en las copas adecuadas.

La temperatura adecuada. La temperatura desempeña un papel de primer orden en la degustación

¿A TEMPERATURA AMBIENTE? Cuando decimos que los vinos tintos se toman a temperatura ambiente nos referimos a entre 16 y 18°C. Los franceses llaman a esto «chambré». En verano las temperaturas ambientales suben, por eso es recomendable dar a los tintos un toque de nevera o colocarlos en un cubo con hielo que sitúe su temperatura entre los 16 y los 18°C.

El ritual y la presentación ayudan a valorar mejor los vinos.

rar su nivel de oxígeno, de suerte que los aromas y sabores puedan salir del letargo de la crianza.

Vino cerrado. La decantación persigue dos objetivos: oxigenar el vino y extraer sus posos. Para saber si debemos decantar un vino, nos serviremos una copa y lo cataremos. Si, al catarlo, solo detectamos astringencia y/o acidez, una decantación le irá bien.

Oxigenar o trasvasar. Dependiendo de si el vino se halla más o menos cerrado, lo oxigenaremos más (rompiéndolo contra el vidrio) o menos (dejándolo que resbale por las paredes del decantador). Si el objetivo es limpiar el vino de posos, decantaremos el vino con decantación, tal y como se muestra en la fotografía de la izquierda.

Vinos decantados. Los vinos con algunos años se decantan. En la actualidad, al elaborarse vinos muy concentrados, caldos relativamente jóvenes (de segundo y tercer año) se decantan para que se abran. Los vinos del año con ligeros olores a mercaptanos (véase página 77) es recomendable decantarlos, para que desaparezca el hedor.

Vinos muy, muy viejos. No siempre es positivo decantar. En vinos añejos, una oxidación violenta podría llegar a romper el vino, volatilizando los pocos aromas que todavía pudiera poseer.

Otra opción para oxigenar. Abrir la botella un par de horas antes ayudará a oxigenar el vino. Verteremos un poco de líquido —media copa aproximadamente— para que el vino tenga más superficie de contacto con el oxígeno que en el cuello de la botella. Si utilizamos copas grandes, también abriremos más el vino.

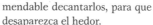

Temperatura y tipos de vinos

TEMPERATURA	TIPOS DE VINOS
Caliente (más de 20°C)	Los vinos no tienen buen sabor a una temperatura superior a 20°C. Algunos vinos con especias se sirven calientes en los países escandinavos.
Temperatura ambiente (16 a 18°C)	Tintos intensos y concentrados. Tintos con crianza.
Frescos (13 a 17°C)	Tintos sedosos. Tintos jóvenes elaborados con maceración carbónica. Vinos generosos y dulces.
Casi fríos (10 a 12°C)	Vinos blancos consistentes fermentados o criados en barrica.
Fríos (6 a 8°C)	Vinos blancos aromáticos y frescos. Vinos rosados. Finos y manzanillas.
Muy fríos (4 a 6°C)	Vinos verdes. Vinos espumosos.
Helados (menos de 4°C)	Vinos blancos neutros con poca expresión. A esta temperatura, apenas tenemos percepciones del vino, que pasa como el agua.

La conservación del vino

El vino es el resultado de una serie de equilibrios. La maduración en la botella estará en función de las condiciones externas. Una buena conservación conseguirá que la vida del vino llegue a su punto máximo. Entonces disfrutaremos de todo su esplendor.

Descender a la bodega para contemplar con delectación nuestras mejores joyas... Una afición muy placentera.

NUESTRA BODEGA

Los amantes del vino disfrutamos al observar nuestras mejores botellas. Vinos que esperan la mejor ocasión para ser degustados. En este capítulo le damos algunos consejos para conservar sus vinos.

La temperatura. La temperatura debe ser lo más estable posible. Entre los 10 y 14 °C, sería una buena temperatura, sin superar nunca los 18 °C. Cuanto más baja mantengamos la temperatura de bodega, la evolución en botella será más lenta y los vinos durarán más. Las temperaturas variables hacen que los vinos se dilaten y contraigan, provocando que rezumen los tapones (posibilidad de hongos) y evoluciones prematuras que estropean el vino.

La luz. Los vinos deben estar almacenados en un lugar oscuro. Los dos factores que evolucionan los vinos son la luz y la temperatura. Hace años, en algunos champañas se podía notar el «gusto de luz», debido a la degeneración de proteínas por efecto lumínico. El problema se solucionó cambiando la composición del vidrio de las botellas. La luz ideal para nuestra bodega será la indirecta.

La humedad. La humedad es necesaria para que no se resequen los corchos de las botellas. Si esto sucediera se «evaporaría» parte del vino, acelerando el proceso interno de oxidación, picando o haciendo rancio el caldo. Para que no ocurra hay que mantener el nivel de humedad entre el 70 y el 80%. Instale un higrómetro y un termómetro para controlar estos parámetros. Será uno de los datos semanales que deberá anotar en su libro de bodega.

La ventilación y las vibraciones. Una buena ventilación evitará la formación de olores no deseados en la bodega. Evidentemente, no es recomendable guardar disolventes y alimentos en el mismo lugar donde almacenamos el vino: no olvidemos que el tapón de corcho es permeable y los olores lo podrían atravesar. Las vibraciones aceleran los procesos internos del vino, por eso es mejor evitarlas.

La posición de las botellas. Las botellas de vino tranquilo siempre deben conservarse tumbadas. De esta forma, el corcho está constantemente mojado e hinchado. Es más hermético, se consigue que el intercambio gaseoso sea menor y se evita la «evaporación» del vino. Los últimos estudios recomiendan conservar los vinos espumosos con la botella vertical. Así el tapón del cava no pierde elasticidad y se mantiene mejor el gas carbónico en su interior. Tumbados o verticales, la gran mayoría de los vinos espumosos no deben permanecer más de un año en nuestra bodega, a no ser que sean espumosos de añada.

La ubicación. Si usted vive en una casa, está de suerte: busque el rincón más fresco y oscuro, generalmente las plantas bajas o los sótanos. Hallar el lugar óptimo en un piso es más complicado. Evidentemente, los botelleros de cocina son los peores sitios. Encuentre un rincón oscuro (dentro de un armario) donde las variables del entorno sean lo más estables

posible. Si es complicado, lo mejor es optar por un armario climatizado de vino con diferentes temperaturas de conservación.

Las condiciones ideales. En este apartado hemos descrito las situaciones ideales; pero los ideales son, a menudo, imposibles. Siendo prácticos, sitúe la bodega en un sitio oscuro, con la temperatura más estable de toda la vivienda. Si no se puede conservar el vino con garantías, hay que beberlo antes de que se estropee.

EL LIBRO DE BODEGA

Si es usted una persona metódica, el libro de bodega le ayudará en todo momento a saber cuál es el estado de su bodega. En él puede anotar el nombre del vino, la región, las variedades de uva, la denominación, la añada, la fecha de entrada, el lugar de la compra y el número de botellas. Si usted ha adquirido una caja de un determinado vino, el libro de bodega le permitirá llevar a cabo un seguimiento de su inversión, controlando la evolución de los vinos y haciendo catas periódicas. Así sabrá el momento óptimo de consumo. Para realizar esta tabla consulte el capítulo «La vida de los vinos».

Para controlar la humedad y la temperatura de nuestra bodega instalaremos un termómetro e higrómetro como el de la imagen.

> **VINOS A GRANEL**
>
> Si se compra vino a granel en garrafas, para que se conserve mejor hay que trasvasarlo a botellas de 75 cl. Así se consume con mayor comodidad y se evita que el vino se pique o se ponga rancio al irse vaciando la garrafa. Actualmente, también existe la opción de «Bag in box», cajas del vino de cada día siempre perfectos.

LA BARRICA EN CASA

La conservación de un vino en una barrica es más complicada que en una botella. Si tiene una barrica en casa, manténgala llena al máximo posible. Así evitará que el vino que contiene se estropee. Quemar tiras de azufre a menudo no evita la desgracia.

La compra de los vinos

Pasear entre botellas es un placer para la vista. Tener tiempo de relajarse y de escuchar historias acerca de los vinos sirve para romper con el ritmo de la vida moderna. Entre en una vinoteca y relájese en el silencio. Su espíritu se lo agradecerá.

¿DÓNDE COMPRAR?

Hay distintos establecimientos donde podemos adquirir los vinos, unos más seguros que otros. Hemos de buscar un lugar que nos inspire confianza, y hemos de tener claro lo que queremos para poder buscarlo.

Tiendas especializadas. Las enotecas son tiendas donde se esmeran en el cuidado del vino. Los detallistas crean un ambiente que reproduce el silencio de la crianza. Algunos son auténticos santuarios del vino, atendidos por personal profesional que conoce sus vinos y aconseja adecuadamente a sus clientes.

Supermercados e hipermercados. Muchas casas comerciales eran reacias a poner sus vinos en los lineales de estos establecimientos. Las grandes superficies han hecho un gran esfuerzo para adecuar una zona donde se adapta la iluminación y los estantes a las necesidades de los vinos. Actualmente se vende un 70% de los vinos en este sector. En esta compra debe conocer bien los vinos, porque no tendrá las indicaciones de la tienda especializada. En algunos casos puede encontrar precios interesantes.

Club de vinos. El club de vinos está arraigando en nuestro país. Es una forma cómoda de adquirir el producto, que es llevado hasta el domicilio del cliente. Son interesantes porque ofrecen novedades, con-

DE CONFIANZA
Tenga su enoteca de cabecera donde se sienta cómodo. Si se siente atraído por el mundo del vino, le informarán de las novedades del mercado y tendrán en cuenta sus gustos para asesorarle mejor.

Algunos consejos

- Fíjese siempre en la añada y en el tipo de vino para conocer su vida útil.
- No compre botellas sin etiquetas: son siempre una incógnita.
- Pruebe siempre las «ofertas», antes de lanzarse a realizar grandes compras.
- Antes de comprar una caja, adquiera una botella para probarla.
- No compre botellas con el nivel de líquido por debajo del cuello, a no ser que sean de viejas añadas.
- Las añadas excelentes no siempre son garantía de grandes vinos.
- No se deje impresionar por los etiquetajes ni por las presentaciones: lo que realmente tiene que ser bueno es el vino.

juntos de vinos seleccionados y vinos poco conocidos con condiciones especiales para los socios.

Por internet. Las tiendas virtuales de internet reúnen las mejores características de los clubes de vinos y de las enotecas. Con un simple clic nos trasladamos a cualquier parte del planeta. Existe el inconveniente del transporte, porque una botella de vino pesa mucho y encarece la transacción.

Compra directa a la bodega. El turismo enológico es una modalidad de viaje en auge. Aunque nos parezca extraño, en muchos casos el precio que pagamos es el mismo que pagaríamos en el establecimiento habitual. Eso sí: nadie nos quitará las maravillosas vistas del trayecto.

Condiciones de almacenaje

Para ofrecer garantías de calidad, los vinos deben almacenarse de una determinada manera.

Botellas tumbadas. En los estantes, las botellas de vino deben estar tumbadas, en sitios frescos y con luz indirecta. Si las botellas se almacenan derechas, se debe calibrar la rotación de los vinos, es decir, el tiempo que tarda en ser vendida una botella. Si el establecimiento es muy concurrido, no será tan grave, pues las botellas estarán poco tiempo en esa posición al ser vendidas rápidamente; pero en caso contrario, el tapón de corcho puede llegar a secarse y estropear el vino.

Calor y luz. Son dos factores perjudiciales. Una luz directa que incremente la temperatura de la botella puede estropear el vino o hacerlo evolucionar prontamente. Todo dependerá de la rotación de la tienda.

La rotación de los vinos. Adquirir los vinos en establecimientos que venden mucho es una garantía de producto fresco. Puede quedar alguna partida de vino rezagado, pero la mayoría son regularmente repuestos en los estantes. El espumoso es el producto más sensible a este efecto: solo una buena rotación nos asegurará que el vino se mantiene en perfecto estado de conservación.

La bodegas especializadas nos ayudan a escoger los vinos entre una amplia gama. El consejo del experto nos introduce cómodamente al placer de la cata.

El precio del vino

En estos últimos años hemos asistido a una subida notable de los precios de los vinos. Este incremento ha ido acompañado de otro equivalente en el interés por todo el mundo vinícola. El vino ha pasado de ser un hábito alimentario a un complemento indispensable para una comida especial.

Hospice de Beaune, lugar donde se marca el precio de los vinos de Borgoña.

co que se ha visto reflejado en el precio. Podemos pensar que el vino se ha encarecido mucho, pero tal vez sea cierto que antes no tenía el precio que le correspondía.

El valor del vino. Depende de muchos factores. Algunos son propios de la elaboración: rendimientos por hectárea de uva, tipo de vinificación, antigüedad de las barricas, tiempo de crianza, tipo de botella... Todas estas circunstancias componen el coste de producción del vino. A partir de aquí, hay un valor comercial de marca y de mercado que acabará de completar el precio, junto con los márgenes de los intermediarios. Por último, debemos valorar el vino como un producto de producción limitada. Un Château Petrus de Burdeos o un L'Ermita del Priorat son vinos únicos. Hay una producción de un determinado número de botellas para todo el mundo, por lo que se convierten en algo muy especial. Este factor hace que los precios de algunos caldos se disparen, por supuesto dependiendo de la demanda.

Todo es relativo. A veces decimos que el vino es caro, y no hacemos las mismas consideraciones con

El precio del vino

En el mercado encontramos muchos vinos de precios muy diferentes. Desde vinos a granel a vinos embotellados, no hay ninguna referencia fija. En los últimos años, las técnicas de elaboración han variado. Las bodegas han hecho un esfuerzo económi-

LAS GRANDES AÑADAS
Añadas excelentes o especiales hacen subir el precio de las botellas. Si es usted un buen conocedor, sabrá valorar si el precio es correcto. En caso contrario, sea prudente y asesórese bien antes de adquirir la añada concreta.

otros productos del mercado. Por ejemplo: ¿qué coste de producción deben tener determinadas zapatillas deportivas? ¿A qué precio las encontramos en las tiendas? O por ejemplo, no dudamos en pagar un precio elevado al comprar la carne o el pescado. Los vinos deben tener el mismo baremo.

La relación calidad-precio. Cuando catemos un vino, en los últimos peldaños de la degustación valoraremos si nos gusta y si su precio es correcto. Vinos muy caros no tienen que ser necesariamente mejores: vinos con precios por debajo de 6 euros pueden superar nuestras expectativas y otros de más de 18 euros ser poco especiales. Sin duda es un factor importante que debemos valorar. Lo cierto es que a partir de los 50 euros es difícil de apreciar la calidad superior de un vino u otro.

Ser justos. Catando vinos, debemos ser críticos y justos, por eso es recomendable catar a ciegas, no viendo las etiquetas de lo que degustamos. Si no lo hacemos así, es fácil que una botella cara influya en nuestro subconsciente de tal suerte que la encontremos mejor de lo que es en realidad. Catando a ciegas juzgamos todos los vinos por el mismo rasero.

La inversión

Como artículo de coleccionista, el vino constituye una inversión. Los vinos dejan entonces de tener valor enológico para pasar a tener el valor propio de una antigüedad.

Cámara de Comercio de Burdeos (Francia), organismo responsable de la clasificación de los vinos de esta región.

LA LEYENDA DEL PRIORAT
Aparte de la buena labor comercial de Álvaro Palacios, el vino L'Ermita fue famoso por su excelente valoración en la subasta de vinos de la casa Christie's. Esto ayudó a afianzar la fama que los vinos del Priorat ya tenían entre los expertos, así como a popularizar su importancia en el mundo del vino.

Comprar «en premier». Significa comprar los vinos cuando están en la barrica. Los caldos tienen un valor más bajo entre un 15 y un 25 % del valor de salida al mercado. Los vinos se pagan al productor y este extiende un «certificado de propiedad» o una factura que acredite el pago. Si escogemos bien la añada, puede ser una buena inversión. Para este tipo de transacciones, mejor asesórese por alguien bien introducido en este mundo.

Las subastas de vino. Son subastas que ponen a la venta colecciones privadas o botellas especiales, propiedad de las bodegas. Dependiendo de la demanda, las botellas pueden alcanzar precios astronómicos. Para pujar por un lote determinado se debe conocer el estado de conservación, tanto del vino como de la etiqueta.

El precio de salida. Deambulando por las enotecas observamos vinos relativamente jóvenes a precios importantes. La razón es que los vinos son un valor de futuro. Vinos actualmente duros, tánicos, en ocasiones imbebibles, se convierten al cabo de unos años en una delicia para el paladar. La persona que ha afinado ese caldo le ha dado un valor añadido que el vino no poseía. Posiblemente, aunque sea complicado, si vendiera el vino le pagarían más de lo que desembolsó: es el valor de su paciencia.

La vida de los vinos

¿Cuánto podemos guardar un vino en la bodega? Los vinos son materia viva, sustancias que envejecen como nosotros. Cuando son jóvenes, son recios y duros; con la edad, van redondeándose y adquiriendo matices. Su vida depende en gran medida de los factores externos.

LA VIDA ÚTIL

Todos los vinos tienen su curva de vida. La evolución irá en función de múltiples factores. Cuando el enólogo elabora el vino, ya piensa en su vida útil: cada perfil de vino tiene una vida predestinada.

Tengo una botella guardada... ¿Alguna vez le han hecho este comentario para referirse a una botella muy vieja que alguien tiene en su bodega? Pese a ser muy vieja, la botella puede haber pasado su momento óptimo de consumo. Por ejemplo, un cosechero riojano guardado durante diez años tiene el valor de la etiqueta, pero será un vino acabado. Para guardar una botella debe saber antes cómo evolucionará su contenido, para conocer cuándo nos la debemos tomar. Los vinos de cada zona o región tienen sus propias evoluciones. En este capítulo facilitamos algunas pautas generales.

El rápido deterioro. Una característica de todos los vinos es que, traspasado el umbral de óptimo consumo, su pérdida de sabor es muy rápida. El vino se torna una solución ácida de sabor más o menos agradable. Si un vino lo tomamos en esta última fase, no nos hará daño pero no disfrutaremos de su esplendor. Hablaremos en estos casos de vinos «acabados» o «evolucionados».

Valorar la calidad. En el dibujo de la siguiente página observamos los vinos en función de dos parámetros: el tiempo y la calidad. En cada curva vemos que los vinos tienen un máximo de calidad. Este máximo es estable durante un período, tras el cual la calidad desciende rápidamente. El vector de la calidad indica cuándo el vino estará en óptimas condiciones para ser consumido. Por ejemplo, la curva del gran reserva va aumentando hasta llegar al máximo. Si el vino lo consumimos antes de ese momento, resultará demasiado astringente y no será redondo en la boca. Lo mismo ocurrirá con otros tipos de vino.

Cada vino, una vida

Para cada vino y denominación existen unas nociones generales acerca de si se puede guardar y durante cuánto tiempo.

Los blancos. Los blancos jóvenes, que salen antes de Navidad, son vinos de corta vida. Sus evoluciones son rápidas y no van más allá del verano. Los blancos del año que salen al mercado a principios de enero son aptos para el consumo durante uno o dos años, dependiendo de su elaboración. Los blancos criados sobre lías y/o fermentados en barrica pueden ser consumidos hasta dos o tres años después de su embotellado. Algunos chardonnay de Borgoña son aptos hasta ocho años después, o más.

Los rosados. Los vinos rosados tradicionales pueden ser consumidos durante un año después de su embotellado. La degeneración de un vino rosado es muy evidente, porque el color tiende a anaranjarse. Los rosados más concentrados alargan su vida útil hasta dos años o más.

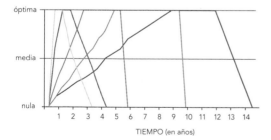

CALIDAD

óptima

media

nula

1 2 3 4 5 6 7 8 9 10 11 12 13 14

TIEMPO (en años)

—— Blancos jóvenes
—— Blancos crianza, rosados
y tintos jóvenes
—— Tintos semicrianza
—— Tintos reserva
—— Tintos crianza reserva

Los tintos. Su abanico de evolución es muy amplio. Lo que conserva el vino es la acidez y los taninos, así que vinos más ácidos tendrán una vida útil más larga, y vinos más tánicos madurarán más lentamente. Son criterios generales. Debe conocer cada denominación de origen para saber cómo se comportan en la botella.

Maduración clásica. Los tipos de tintos según su crianza son: jóvenes, crianzas, reserva y gran reserva. Esta nomenclatura clásica utilizada por los vinos de La Rioja y otras denominaciones de origen es semejante en todo el mundo. Los vinos jóvenes o «cosecheros» tienen una vida útil de un par de años. Hay vinos con tres meses de barrica, llamados «semicrianzas» entre los elaboradores, que se pueden consumir durante tres o cuatro años. Los crianzas tienen maduraciones de cinco años; los reservas, de ocho, y los grandes reservas maduran a partir de los diez años. Estos períodos, contados a partir de la añada de la etiqueta, dependen de la calidad de las uvas iniciales y de la elaboración.

Los espumosos. Los cavas y los champañas tienen una vida de entre uno y dos años. Los espumosos nunca ganan después del degüelle (véase capítulo «Elaboración de espumosos»). Tienen tendencia a perder el gas carbónico y poco a poco su frescura, a no ser que se trate de *coupages* especiales o de añada.

La carta de añadas

Es imposible conocer la infinidad de vinos que existen en el mundo. Las guías y las calificaciones de añadas nos orientan en el trepidante mundo vitivinícola. Finalmente, el paladar será el garante de nuestro criterio.

¿AÑADAS FIABLES? La información que nos proporcionan las añadas es solo una orientación que está lejos de ser exacta. La media aritmética que llega al consumidor se calcula sobre vinos que acaso respondan a realidades muy distintas: podemos tener la suerte de degustar el extremo positivo, o la desgracia de toparnos con el negativo.

LAS GUÍAS DE VINOS

Las guías nos ayudan a conocer los diferentes tipos de vinos que existen, seleccionados por denominaciones de origen y bajo el prisma del equipo de expertos que las redactan. Las críticas serán buenas o malas según el momento de la cata, dependiendo de numerosos factores. Escoja siempre la guía que más acierte sus gustos. Sucede lo mismo con los críticos de cine: sabemos que una buena crítica nos convence a ir a ver una película solo si nuestros gustos coinciden con los del crítico. En última instancia, la decisión es suya: usted sabe lo que le gusta.

LAS CARTAS DE AÑADAS

Las cartas de añadas son la referencia general de cómo han sido los vinos de una determinada zona vitivinícola. Gracias a ellas, sabemos que la media de los vinos de determinada zona en un año concreto ha sido excelente, buena, regular o mala. Sin embargo, no hay que olvidar que las cartas tratan con medias, y que en viticultura desempeñan un papel muy importante los microclimas, es decir, el clima de una parcela determinada. Así por ejemplo, una añada puede resultar regular porque ha habido una helada general, pero las heladas no afectan por igual a todas las viñas, de modo que tal vez existan parcelas de una misma denominación que no se hayan helado, y de esas cepas podrían salir vinos excelentes. En conclusión, tómese las añadas como una buena guía, pero no las considere libros sagrados, en absoluto.

DO/DOCa	2006	2007	2008	2009	2010
Abona	B	MB	MB	MB	-
Alella	MB	MB	MB	-	-
Alicante	E	MB	E	MB	MB
Almansa	MB	MB	MB	MB	MB
Arabako Txakolina	E	E	-	-	-
Arlanza	-	MB	MB	-	-
Arribes	-	MB	-	-	-
Bierzo	MB	E	MB	MB	-
Binissalem	MB	MB	MB	E	E
Bizkaiko Txacolina	MB	MB	MB	-	-
Bullas	MB	MB	MB	MB	-
Calatayud	B	MB	B	MB	-
Campo de Borja	B	MB	B	MB	-
Cariñena	MB	MB	MB	MB	E
Catalunya	MB	MB	MB	MB	-
Cava	E	E	E	MB	-
Cigales	MB	B	E	MB	-
Conca de Barberà	MB	MB	MB	MB	-
Condado de Huelva	MB	E	E	MB	-
Costers del Segre	MB	MB	MB	MB	-
El Hierro	MB	B		-	-
Empordà	MB	B	MB	MB	MB
Getariako Txakolina	B	MB	B	B	
Gran Canaria	-	R	-	-	-
Jerez, Xerès-sherry, Manzanilla de Sanlúcar de Barrameda	-	-	-	-	-
Jumilla	MB	MB	MB	MB	-
La Gomera	-	-	-	-	-
La Mancha	MB	B	MB	MB	-
La Palma	MB	MB	-	-	-
Lanzarote	MB	E	MB	MB	-
Málaga-Sierras de Málaga	MB	B	B	-	-
Manchuela	MB	MB	B	MB	-
Méntrida	B	MB	MB	-	-

DO/DOCa	2006	2007	2008	2009	2010
Mondéjar	-	-	-	-	-
Monterrei	E	E	MB	E	-
Montilla-Moriles	MB	B	MB	MB	-
Montsant	-	E	MB	-	-
Navarra	MB	B	MB	MB	E
Penedès	MB	B	MB	MB	-
Pla del Bages	MB	MB	MB	-	-
Pla I Levant	-	MB	-	-	-
Priorat	-	MB	MB	E	-
Rías Baixas	E	B	B	MB	MB
Ribeira Sacra	MB	B	MB	MB	MB
Ribeiro	MB	E	E	MB	-
Ribera del Duero	B	MB	MB	E	-
Ribera del Guadiana	MB	R	MB	MB	-
Ribera del Júcar	-	MB	-	MB	-
Rioja	MB	E	MB	MB	E
Rueda	MB	MB	MB	MB	MB
Somontano	E	E	MB	MB	-
Tacoronte-Acentejo	MB	B	B	B	-
Tarragona	MB	MB	MB	-	-
Terra Alta	MB	B	B	E	MB
Tierra de León	-	R	MB	MB	-
Tierra del vino de Zamora	-	-	MB	MB	-
Toro	MB	B	E	E	E
Uclés	-	B	-	-	-
Utiel - Requena	E	R	B	MB	MB
Valdeorras	MB	E	MB	MB	-
Valdepeñas	MB	MB	E	MB	E
Valencia	MB	B	MB	MB	-
Valle de Güimar	MB	B	-	-	-
Valle de la Orotava	MB	MB	MB	MB	E
Vinos de Madrid	B	B	B	MB	-
Ycoden - Daute - Isora	MB	MB	E	B	-
Yecla	B	MB	B	-	-

Los oficios del vino

Cuidar las cepas y transportar las características de la uva a la botella; aconsejar en la elección del mejor vino; servirlo a su exacta temperatura... Todos los eslabones en la cadena del vino son importantes; todos, en su justa medida, nos ayudan a comprender el vino.

APPS DEL VINO Una nueva forma de democratizar el vino son las apps vinícolas. Todos podemos opinar si aquel vino u otro nos gusta más. Es una buena referencia para ver los vinos que realmente funcionan en el mercado.

DE LA VIÑA AL VINO

En el mundo del vino intervienen muchos factores, pero el capital humano es lo más importante de la cadena. Es el único capaz de modelar y construir, en un terreno virgen, una parcela vitícola, y controlar el desarrollo de la vid para embotellar la esencia de la tierra; crear el vino que se ha diseñado en la mente y hacerlo llegar finalmente al consumidor.

Viticultor. Es la persona que cultiva la viña. Oficio que pasa de padres a hijos, generalmente son propietarios de las tierras que cultivan. En toda ciencia hay una parte empírica que se transmite por la tradición, y el viticultor conoce las necesidades de las cepas. Pero no basta con la experiencia: los viticultores modernos se forman en escuelas agrícolas y universidades (ingenieros técnicos agrícolas), y muchos son a la vez productores, extremo que nos asegura una continuidad en los vinos que producen. La gran mayoría de los viticultores venden sus cosechas a las bodegas elaboradoras.

Enólogo. Es la persona que decide cómo elaborar el vino, desde la vendimia hasta el embotellado final. Hasta hace pocos años, los enólogos solo trabajaban desde la bodega, porque el viticultor se encargaba de las cepas. Actualmente, los enólogos empiezan a trabajar desde la viña. Deciden, por ejemplo, reducir la producción de uva de una parcela cortando los racimos para conseguir una concentración más elevada en los vinos. La enología actual se basa en los equili-

quienes transmiten al consumidor todos los esfuerzos que han realizado.

Sumilleres. Son los verdaderos comunicadores del vino. Conocen todas las denominaciones de origen, las formas de elaboración, las características de los caldos, el ritual... El sumiller es el encargado del servicio del vino en el restaurante, aunque también trabaja en el sector comercial y de divulgación vínica. Es quien realiza la selección de vinos en la carta del restaurante y quien mejor saber recomendar el maridaje perfecto en la mesa. Conoce su bodega y el estado evolutivo de sus vinos, y es capaz de resolvernos cualquier consulta relacionada con el vino que degustamos. Si el enólogo diseña los caldos, el sumiller recoge las impresiones de los comensales en la mesa y va marcando la moda de los vinos futuros.

Periodistas/*bloguers*. Su función es comunicar todos los detalles de la actualidad vitícola. Junto con los sumilleres, son los profesionales con una influencia más directa sobre los receptores del vino. Nos orientan, nos dan referencias de las novedades, y nos enseñan a comprender las nuevas técnicas enológicas en un lenguaje más cercano y asequible a todos. Algunos *bloguers* tienen mayor influencia que incluso algunos columnas dominicales de vino. Un nuevo lenguaje para llegar a nuevos consumidores. El mundo del vino debe ponerse las pilas.

brios de las uvas para transportarlos al vino. Un enólogo debe dominar muchos factores para elaborar el vino diseñado. Primero debe pensar qué tipo de vino desea hacer: blanco joven aromático y fresco, por ejemplo, o tinto de crianza muy concentrado. En función de cada vino, decidirá la temperatura de fermentación, los remontados, las clarificaciones, las barricas, etc. La base del conocimiento de los enólogos es de carácter bioquímico y tecnológico, y se adquiere en universidades (ingeniero técnico agroalimentario) y en formación profesional. Si todos los oficios del vino son importantes, el trabajo del enólogo es fundamental. Sin el buen hacer y la experiencia de los enólogos, los vinos solo serían una solución alcohólica alimenticia.

COMUNICADORES DE VINO

Tan importante como la producción, es la comunicación del vino. Una serie de oficios, con sus acciones y explicaciones, nos transportan a la bodega elaboradora.

Detallistas. Son los responsables de las ventas de vinos embotellados. Las tiendas especializadas son sus mejores exponentes, con conocimientos expertos sobre los vinos que poseen en sus tiendas, para recomendar el vino perfecto a cada ocasión o persona. Los enólogos deben estarles agradecidos porque son

Comunicar el vino

Hace ya más de veinte años que salió al mercado la primera edición de este libro. Por aquel entonces, resultaba imposible imaginar hasta dónde llegarían las redes sociales y su capacidad de comunicar. El mundo del vino debe adaptarse a los nuevos lenguajes y no quedarse anclado en el pasado.

En los próximos años, esta imagen será más habitual de lo que creemos.

NUEVAS IMÁGENES

Para todos los gustos. La imagen del vino va ligada al formato y a la presentación; por eso, algunas bodegas buscan etiquetas más modernas. Otras optan por imágenes más clásicas. Para gustos colores.

Lo que sí que está claro es que el envoltorio del vino debe estar preparado para saltar a la fama en Instagram o en otras redes sociales. Por lo tanto, el contenido debe estar bueno y el continente tiene que atraernos para que lo escojamos entre el gran maremágnum de marcas que encontramos en el mercado.

Pensemos en qué nos hace decidir a la hora de escoger un vino en el lineal de una tienda. Puede ser una recomendación, pero si no la tenemos, nos guiamos por el precio o por una zona vinícola preferida. Si no nos guiamos por nada dc lo anterior, la etiqueta será el único criterio de selección. Ya ven lo importante que es un buen diseño.

Una buena historia. Otra manera de vendernos un vino es que tenga una buena historia detrás. Una variedad de uva recuperada en un valle lejano, una tradición familiar centenaria, el viñedo donde se enamoraron los viticultores... cualquier aventura vínica nos ayudará a empatizar con esa botella y seguro que es lo que explicaremos a nuestros invitados cuando se sienten a la mesa.

NAVEGUEMOS

Es evidente que hoy en día todo se comparte en internet y el vino no se queda atrás. En las cuentas de *winelovers* y *foodies* aparecen muchas botellas.

Instagram. En el momento de escribir estas líneas, es la que está mejor posicionada. Vemos fotografías, historias, directos o pequeñas grabaciones que explican las excelencias de cada vino. A veces, son demasiado serias, como lo es el mundo del vino. Por eso, pongámosle un poco más de humor.

Comunicar sobre vino no tiene por qué ser algo serio, como muestran estos chicos de @entrevinsbcn en Instagram.

Sitios web. En la actualidad, no hay bodega que no tenga web. Todos vamos con el móvil encima y podemos consultar cualquier información al momento. Accedemos directamente al productor o a través de una tienda virtual. Algunas están más conseguidas que otras, pero todas contienen la información que buscamos.

Vivino. Es posible que, si están leyendo el libro, ya conozcan esta app, pero si no es así, les será de gran ayuda. Vivino nos permite hacer una foto a la etiqueta y que nos aparezca toda la información del vino fotografiado: variedad, zona geográfica, nota de cata y precio aproximado. Esta información la ha volcado la inmensidad de consumidores que han probado el vino y han dado su opinión. Evidentemente, estamos en manos de los algoritmos, pero es una manera más «democrática» de puntuar los vinos. Eso sí, los precios pueden variar porque hacen una media de todos los que se reseñan (de tienda, restaurante, etc.). Gracias a esto, ya no se ven precios tan abusivos en algunos establecimientos. Podría decirse que es el Tripadvisor de los vinos, con todo lo bueno y malo de esta app.

APRENDAMOS

Clases virtuales. Aunque antes de la pandemia de la Covid ya se hacían clases a través de internet, la pandemia ha acelerado este proceso. En el caso de la formación vinícola, funciona bien hasta que llegamos a la cata. La formación así se complica porque es preciso enviar las botellas a cada estudiante. A falta de pan, buenas son tortas, pero la frialdad de las pantallas nunca podrá competir con la calidez que se genera al compartir una copa de vino.

Catas compartidas. Aparte de la formación más seria, también se han hecho presentaciones profesionales de vino, clubs de cata, catas entre amigos, etc. Cualquier excusa es válida, aunque sea de manera virtual, para compartir una buena experiencia vínica.

Enoturismo. Qué mejor manera, si somos amantes del vino, que aprovechar nuestros viajes para vi-

sitar bodegas. Es una forma muy divertida de conocer el territorio y nos da una mejor idea del porqué del vino de cada zona. La oferta es variada y seguro que es una experiencia que recordaremos muchos años después.

Viajes virtuales. Cuando no es posible viajar, siempre nos quedan los paseos virtuales que nos proponen algunas bodegas. Experiencias de inmersión que, si se combinan con una copa del vino en cuestión, hacen que la sensación de estar allí sea más cercana.

Las catas virtuales nos han permitido compartir «momentos de vino» a distancia. Grupo de cata Hexaedro en boca.

¿EL PRECIO COMO GUÍA?

Un precio más caro no necesariamente implica un vino mejor. Algunas denominaciones españolas están mejor valoradas que otras. Por ejemplo, un rioja, un ribera del Duero o un priorat siempre estarán mejor valorados (dentro de la misma calidad) que un jumilla, un navarra o un arribes del Duero.

Mi consejo: atrévase a probar vinos de zonas diferentes, del mismo modo que algún día se atreverá a probar la carne de canguro o la flor de Sichuan. Puede que en alguna ocasión se lleve un chasco, pero casi siempre descubrirá nuevos horizontes vinícolas.

La carta de vinos

Ante una carta de vinos, nos perdemos entre la lista de referencias vínicas, ordenadas por denominaciones de origen, países y tipos de vinos. Por suerte, aparece un guía para que el viaje por ese mundo sea más llevadero: el sumiller escuchará nuestros gustos para proponernos una buena elección.

El servicio del vino, desde la elaboración de la carta de vinos hasta el servicio en la copa, es una de las claves a la hora de valorar la calidad de un restaurante.

La clasificación se realiza por denominaciones de origen. Así, como consumidor, le convendrá conocer las características de cada apelación, para realizar su selección de manera adecuada. Si no tenemos estos datos, la elección se complica. El sumiller será una buena ayuda ante cartas muy extensas. Otras cartas de concepción moderna, más interesantes para el cliente, marcan los tipos de vinos. Estarán ordenados por epígrafes del estilo «Blancos sedosos», «Blancos estructurados», «Blancos ligeros»... según el criterio del sumiller. El maridaje será en tales casos más sencillo.

Cartas seguras. Son cartas donde solo encontramos los vinos más conocidos, aquellos que toda persona suele conocer. Son cartas de vino sin sorpresas, ante las cuales las personas con ansias de ser sorprendidas por nuevas sensaciones quedan desamparadas. Pero son cartas prácticas, porque las elecciones son sencillas para el cliente final.

El vino de la casa. Es el vino que nos ofrece el restaurador, como un vino con una buena relación calidad-precio. Nos permite beber vino en la comida a un precio interesante. Este caldo debe estar cuidadosamente seleccionado por la «casa» para satisfacer a sus clientes. A veces, la selección no es buena. En otros casos, el vino de la casa no es el más ajustado de precio, sino uno de los mejores de la carta.

Las recomendaciones. Fíjese en ellas, porque pueden ser interesantes. En ocasiones nos ayudan a deci-

LAS CARTAS DE VINOS

Existen diferentes tipos de cartas de vinos. Más amplias o más concentradas, intentan dar respuesta a las necesidades de sus clientes.

La estructura de la carta. La gran mayoría de cartas están estructuradas separando los diferentes tipos de vinos: blancos, rosados, tintos y espumosos.

dirnos. Si observa precios demasiado baratos, que no están en concordancia con el resto de la carta, desconfíe de ellos.

Los vinos a copas. Son una oportunidad espléndida para degustar diferentes vinos en una misma comida. Para los amantes del vino, aunque resulte un poco más caro, merece la pena como posibilidad de ampliar el universo gustativo. Además, gracias a los artilugios actuales de conservación de botellas abiertas, por vacío o con gas inerte, el problema de las oxidaciones está resuelto.

Los dispensadores de vino. Son armarios climatizados de vinos destinados a conservar botellas abiertas. El sistema funciona con una cánula que, a través del tapón, inyecta gas inerte en el interior. De esta manera se va extrayendo el vino para servirlo a copas, sin que se altere su equilibrio.

En el restaurante

Si el restaurante dispone de sumiller, será él la persona responsable de valorar el estado del vino antes de ser servido. Pero cuando nos sirvan una copa en el

LOS BARES DE VINOS
Una nueva forma de beber vinos son los bares de vinos. Es la versión moderna de la tasca, pero más sofisticada. Los vinos se sirven a copas y se combinan con tapas. Es una buena manera de probar las novedades vínicas en un lugar que invita a hablar de vinos.

restaurante pidiendo nuestra aprobación, debemos actuar como sigue:

Huela el tapón. Solicite el tapón al ser descorchada la botella. Examínelo. Observe si el vino ha ascendido por el corcho o solo moja un extremo del tapón. Huela el tapón. Debe oler a corcho o al vino que contiene la botella. Si detecta en él olores a moho o a humedad, pueden haber llegado al vino.

Mirar y oler atentamente. En la copa, busque alguna turbidez o algún color muy oxidado. Huela el vino por si presenta algún olor a humedad, mercaptano, corcho, sulfuroso, vinagre u oxidado (véase capítulo «Defectos del vino»). Si lo detecta, no se precipite: vuélvalo a oler para confirmar y no confunda con un defecto lo que pueden ser aromas de «vino cerrado» (véase capítulo «El servicio del vino»). Con esta fase puede bastar para dar la aprobación. Asegúrese bien del olor a vinagre antes de decir que el vino está picado: ¡se trata de una grave acusación!

Degustar. Pruebe el vino para confirmar todo lo detectado en las anteriores fases y dar su aprobación final. Si realmente el vino no reúne las condiciones, coméntelo con el sumiller o el camarero para confirmar sus sospechas. Escuche sus consideraciones «como un buen comensal». En casos de retorno de botellas, algunos sumilleres no están a la altura. Pero rechazar una botella sin razón no lo convertirá en un entendido.

Maridaje: ¿la combinación perfecta?

Disfrutar de los vinos es un placer. Maridar los vinos con la comida perfecta es la sublimación de los sentidos. Sobre gustos no hay nada escrito. Los maridajes dependerán de muchos factores. Déjese llevar por sus percepciones y experimente con su imaginación.

CONCEPTOS DE MARIDAJE

Cuando nos referimos al maridaje, hablamos de la combinación «perfecta» entre el vino y la comida. Básicamente lo que buscamos es que su relación sea lo más adecuada posible.

Para gustos, colores. Aparte de los conceptos generales, en el maridaje intervienen también las percepciones y los gustos personales. Para algunos la combinación de queso azul con un vino dulce es sublime, y para otros, demasiado dulce. Por eso, debe-mos estar abiertos a nuevas sensaciones, probarlas y juzgar si son de nuestro agrado. Aunque sean la quintaesencia de la combinación perfecta, podemos decir sin ruborizarnos que no nos gusta.

Primero el vino o la comida. Normalmente, empezamos decidiendo lo que comemos y después escogemos el vino. La intensidad gustativa del vino debe estar un poco por debajo de los manjares. Pero ¿podemos comenzar al revés? Imaginemos la situación: nos regalan una botella especial de una añada señalada. En ese caso, el vino adquiere el protagonismo y las viandas son un acompañamiento.

Por otra parte, hay gastrónomos que creen que el maridaje no sirve de nada y da igual lo que comamos o bebamos. En cambio, hay restaurantes que lo llevan hasta el último extremo, como el laureado Celler de Can Roca (Girona) donde se ofrece un menú maridaje con sus vinos, y son referentes del maridaje.

Valorando la intensidad. En primer lugar, nos fijamos en la intensidad gustativa, su potencia de sabor. Valoramos el vino y el plato. Está claro que vinos de sabor potente los maridaremos con platos intensos. Si bebemos un vino suave con un plato potente nos parecerá que tomamos agua. Siempre es interesante

LA ACIDEZ, FACTOR IMPORTANTE La acidez de un vino es un factor importante en la elección. La acidez nos limpia la boca entre bocado y bocado, dejándonos una boca preparada y fresca para la siguiente deglución. Además, estos vinos acostumbran a ser más ligeros y no nos fatigan las papilas gustativas.

empezar los ágapes por vinos más suaves e ir subiendo de intensidad, lo mismo que los platos.

Texturando. Cuando hablamos de «texturas», nos referimos a las sensaciones táctiles que tenemos en la boca al degustar un plato o un vino. En vinos, por ejemplo, hay blancos que nos provocan sensaciones de sedosidad o glicéricas (parecidas al almíbar). Los tintos pueden ser aterciopelados (lo mismo que sedosos pero con más peso), carnosos, duros...

En los platos buscamos texturas parecidas al vino. Este aspecto es cada vez más difícil de controlar. La cocina moderna se basa en que un plato puede tener diversas texturas. La cocina tradicional es más simple con una sola. Debemos tener en cuenta que un mismo alimento puede dar sensaciones diferentes según el corte. Por ejemplo, será distinta la textura del salmón ahumado cortado a dados o en láminas, y seguramente los podríamos maridar con vinos diferentes. La idea es encontrar la textura similar del vino con la del plato. Por ejemplo, un albariño con las ostras. La crianza sobre lías de estos vinos (sedosidad) combina con la melosidad de la ostra cruda.

Siempre igual o contrario. Otro aspecto para tener en cuenta es la afinidad o el contraste de sabores. En el maridaje clásico, en principio, se busca la afinidad. Normalmente el sabor del vino debe estar por debajo del gusto del plato. Otra opción sería buscar el contraste. Por ejemplo:

PASTEL DE CHOCOLATE
- *Maridaje clásico (afinidad) — cava brut.*
- *Maridaje (contraste) — cava brut nature.*

A practicar. Lo que está claro es que cada persona busca algo diferente y, por lo tanto, todo es más o menos correcto. Únicamente hay una forma de afinar cada vez más: probando combinaciones. Al principio, un menú maridaje de un restaurante con sus sugerencias supone una buena forma de empezar. Un segundo paso es lanzarse a texturar a tumba abierta.

ANTE LA DUDA UN CAVA BRUT No lo dude, si no es que comemos carnes de caza de gustos potentísimos, un cava brut siempre es una opción perfecta. El carbónico del espumoso nos ayuda a limpiar la boca, dejando una boca preparada para el siguiente bocado.

Vino y comida: algunas sugerencias

Disfrutar de los vinos es un placer; maridar los vinos con la comida perfecta es la sublimación de los sentidos. Los maridajes dependerán de muchos factores. Contra gustos no hay una regla fija. Déjese llevar por sus percepciones y experimente con su imaginación.

CONCRETANDO UN POCO MÁS

En el capítulo anterior hemos hablado en general de las bases del maridaje. Aquí hablaremos de ejemplos más concretos. Opciones para empezar a navegar y después avanzar en solitario.

La norma principal. Vinos suaves con comidas ligeras y comidas fuertes con vinos consistentes. Profundizando, cada vino con su plato. El objetivo es que no domine la comida sobre el vino ni viceversa. Nunca se debe romper la armonía. Algunos consejos:

Los vinos más ácidos. Refuerzan y dan vida a platos con poca sal, como pescado y pollo hervido, cremas de champiñones... También ayudan a limpiar la boca de comidas grasas o texturas gelatinosas.

Los taninos y la sal están reñidos. El ejemplo más claro es el cabrales o quesos azules intensos con tintos de taninos jóvenes, astringentes. Las dos sensaciones se refuerzan. Mejor optar por un vino tinto más aterciopelado.

Maridajes difíciles. Cada vez hay menos. Con vinagretas muy fuertes es difícil encontrar maridajes. Con los vinagres balsámicos es más sencillo. Otros maridajes complicados son: la salsa de naranja (por su amargor), los ajos y los picantes en general (porque adormecen las papilas gustativas), los espárragos verdes (por su carácter vegetal, aunque un Sauvignon Blanc Neozelandés saldría bastante airoso)...

Los vinos con elevado contenido alcohólico ayudan a digerir manjares grasos porque el alcohol disuelve las grasas durante la digestión.

Los vinos dulces y los licorosos constituyen un buen acompañamiento para los *foies*, así como para el queso azul, los quesos muy secos y ácidos (picantes). Los vinos tintos jóvenes redondos ensamblan bien con los quesos de vaca con maduraciones cortas.

Los vinos rosados combinan bien con la charcutería y los fiambres. Son perfectos para los arroces o *risotto*. Si son suaves combinan con algún pescado salseado. Si tienen cuerpo, combinan con carnes blancas y paellas.

ALGUNOS MARIDAJES

Esta relación entre vino y comida no es exacta. Los vinos escogidos realzan y complementan organolépticamente los platos. El listado es genérico, no hay nombres concretos de vinos. Así, con esta referencia, pedirá en su tienda de confianza un vino que tenga esas características.

APERITIVO	Blancos ligeros, espumosos, tintos ligeros
MARISCO	Vinos blancos ligeros frescos
PESCADO POCO CONDIMENTADO	Blancos ligeros
PESCADO CON SALSA	Blancos con cuerpo
CHARCUTERÍA	Rosados, blancos con estructura
AHUMADOS	Blancos fermentados o criados en bota
FOIE	Blancos dulces, blancos con cuerpo, espumosos brut con crianza
CONSOMÉ	Vinos generosos
SOPA DE PESCADO	Blancos ligeros
CREMAS ESPESAS	Blancos aromáticos con cuerpo
CREMAS DE POLLO O CHAMPIÑONES	Blancos ácidos aromáticos
CAVIAR	Espumosos brut o nature
CARNES BLANCAS	Tintos aromáticos jóvenes Blancos criados sobre lías
ARROCES CON CARNE	Tintos aromáticos no muy corpulentos
ARROCES CON PESCADO	Blancos criados sobre lías, rosados modernos, rosados suaves
CALLOS, CARACOLES	Blancos, rosados y tintos redondos y jóvenes
CARNES ROJAS	Tintos con cuerpo estructurados
ASADOS	Tintos muy corpulentos
CARNES ESTOFADAS	Tintos potentes
PASTAS CON SALSAS DE PESCADO	Blancos secos
PASTAS CON SALSAS DE CARNE	Tintos de cuerpo medio
CAZA DE PLUMA	Tintos aromáticos, con fuerza
CAZA DE PELO	Tintos con mucho cuerpo
PLATOS ESPECIADOS	Blancos o tintos ligeros
QUESOS FRESCOS Y SUAVES	Blancos ligeros y aromáticos
QUESOS SEMISECOS	Tintos de medio cuerpo
QUESOS SECOS	Tintos con cuerpo
QUESOS PICANTES	Vinos dulces
QUESOS GRASOS	Tintos con mucho grado alcohólico, blancos criados con lías de buena acidez
QUESOS AZULES	Tintos estructurados y consistentes
CHOCOLATE	Vinos tintos dulces
POSTRES CON FRUTAS	Vinos dulces tipo moscateles, licorosos

Glosario

abierto: Vino que expresa toda su amplitud.

abocado: Vino que contiene entre 5 y 15 gramos por litro de azúcar residual. Se utiliza para definir vinos ligeramente dulces.

acabado: Vino que ya está listo para ser embotellado. En lenguaje de cata, se refiere a un vino que ya está al final de su evolución.

acerado: Se refiere a un vino blanco joven que presenta un color grisáceo. Por lo general, acompañado con reflejos verdosos.

acerbo: Vino cuya acidez se vuelve agresiva. Mordaz al paladar.

acetaldehído: Sustancia que se detecta en vinos que han tenido una cierta oxidación. Es el olor a rancio o ajerezado.

acidificación: Corrección reglamentada de la acidez de un vino mediante la adición de ácido tartárico.

ácido acético: Es el ácido responsable del picado acético. Lo producen las bacterias acéticas. La concentración del acético marca la acidez volátil del vino. Cuando el caldo está picado, es vinagre.

acidulado: Vino de marcada acidez. Sensación parecida al morder una manzana verde.

afinado: Mezcla de aguardientes para conseguir productos de calidad superior. Es la operación de acabado de brandis, calvados, coñac, etc.

afrutado: Vino que recuerda los aromas de las frutas. Es propio de vinos jóvenes, pero desaparece con el tiempo.

ágil: Se dice que un vino es «ágil en copa» para referirse a su ligereza.

albariza: Suelo de color muy claro y rico en carbonato cálcico; típico de regiones como Jerez.

albúmina: Proteína de la clara del huevo muy utilizada para la clarificación del vino. Es un clarificante muy suave.

ampelografía: Ciencia que estudia la planta de la vid.

amplio: Vino que nos llena la boca de sabor. Vino pleno.

ancestral: Método de elaboración de vinos espumosos. Cuando está a punto de acabar la fermentación alcohólica, se embotella para que el gas carbónico quede dentro de la botella.

antociano: Polifenol responsable del color rojo en los vinos tintos.

añada: Año de vendimia de la uva. En los vinos tranquilos debe especificarse en la etiqueta. En los champañas, solo se especifica en los *millésime* o añadas escepcionales. En los oportos, solo estará reflejada en los *vintage*.

armónico: Vino en el que todos los elementos están bien equilibrados. También podemos definirlo como redondo.

astringencia: Sensación de sequedad y aspereza que nos producen los vinos muy tánicos.

aterciopelado: Vino que nos acaricia el paladar en su paso por la boca.

azúcar residual: Cantidad de azúcar que resta en los vinos una vez concluido el proceso de fermentación.

azufre: Principal conservante que se añade al vino en pequeñas proporciones. Se incorpora en forma de anhídrido sulfuroso. Cuando se excede con la dosis, puede detectarse como un defecto en el vino.

balsámico: Aroma penetrante que evocan las resinas vegetales.

bentonita: Arcilla natural que se utiliza para la clarificación de los vinos blancos. También se usa como aglomerante de las levaduras para la producción de vinos espumosos.

bitartrato: Sales del ácido tartárico que forman cristales.

blanc de blancs: Vino espumoso elaborado exclusivamente con variedades blancas. En la Champaña, los espumosos se elaboran con la variedad Chardonnay.

borroso: Ligeramente turbio a la vista con sedimentos muy finos. También se utiliza velado.

botrytis cinerea: Hongo responsable de la podredumbre de la uva. Generalmente, el hongo es de color grisáceo. En el caso de la podredumbre noble, de Sauternes y otras regiones, el mismo hongo es de una tonalidad más blanquecina. Provoca un desecamiento de la uva, conservando la acidez.

bouquet: Conjunto de aromas terciarios que provienen de la crianza del vino.

burbas: Sedimentos gruesos que se producen en los mostos después del prensado. Se eliminan mediante el decantado o deburbado.

brillante: Vino limpio y transparente. En cata, denota juventud.

cálido: Vino con sensación alcohólica importante, pero integrada.

caliente: Vino con sensación alcohólica remarcable.

capa: Medida de la intensidad de color en los vinos tintos.

carbónico: Gas o anhídrido que provoca burbujas en el vino. En vinos jóvenes, remarcan su frescor y vivacidad.

carnoso: Vino que, al degustarse, produce sensaciones táctiles de mucho cuerpo, incluso masticables.

casis: Baya negra parecido a la grosella, que se detecta en vinos tintos jóvenes elaborados con Cabernet Sauvignon y Syrah.

cépage: Palabra francesa que se refiere a la variedad vinífera.

château: En francés, significa «castillo». Se refiere a una explotación vitícola.

clàssic penedès: Vinos espumosos producidos en la DO Penedès por el método tradicional. Elaborados ecológicamente con crianza mínima de 15 meses.

clos: Parcela delimitada. En Borgoña, algunos *clos* están encerrados entre muros.

coloide: Sustancia que da consistencia al vino. Están constituidos por macromoléculas orgánicas debidas a la polimerización de antocianos, proteínas y otros componentes.

complejo: Adjetivo gustativo y aromático para vinos con muchos matices.

corcho: Olores y sabores anormales debido a un defecto del tapón.

corpinnat: Asociación de productores de vinos espumosos del Penedès. Producidos con el método tradicional a partir de uvas ecológicas. Crianza mínima de 15 meses en la segunda fermentación.

corrimiento: Accidente que se produce en la flor de la viña que evita su fecundación. Hay variedades más sensibles que otras.

cupaje: Mezcla de vinos elaborados de diferentes variedades viníferas para combinar las mejores virtudes de cada una. El cupaje (*coupage* en francés) lo realizan los enólogos en la bodega. Los franceses hablan mejor de *Assamblaje*.

crémant: Denominación de los espumosos franceses que no se producen en la Champaña.

crianza: Envejecimiento del vino en barrica y en botella. Con este proceso los caldos se redondean y alargan la vida, dependiendo de los métodos empleados.

cristalino: Vino extremadamente transparente, como el agua.

cru: Parcela de viña que produce uvas de excelente calidad para la elaboración de vinos. En Francia, los *crus* están clasificados por categorías.

cuerpo: Aspecto fundamental en la cata de vinos; cuanto más cuerpo tiene un vino, menos acuoso resulta en boca.

cuvée: En la Champaña, es el primer mosto que se extrae del mosto. Es el mismo concepto del mosto flor. Son los mostos más frescos y de mayor calidad.

decantador: Jarra utilizada para trasvasar y oxigenar el vino embotellado.

degüelle: Operación en la elaboración de espumosos para separar los sedimentos del interior de la botella. Muchos cavas actuales llevan la fecha de degüelle que asegura su óptimo consumo.

delgado: Vino con poco cuerpo, suave.

desfangado: Operación en la elaboración de vinos blancos para separar las burbas.

desnudo: Vino sin estructura en boca, sin expresividad.

despalillar: Separar el raspón de la uva.

DO: Abreviatura de denominación de origen.

DOCa: Abreviatura de denominación de origen calificada. En España, solo existen dos: La Rioja y el Priorat.

duela: Listón de madera con el que está construida la barrica.

eiswein: Vino licoroso alemán obtenido a partir de uvas heladas.

emparrado: Conducción de la cepa sobre alambres para aumentar la calidad de la uva.

empireumática: Aromas a tostados, ahumados e hidrocarburos.

envinar: Operación que consiste en llenar de vino los recipientes de madera para prepararlos para la vinificación. También se envina la copa para prepararla para la cata.

en vaso: Sistema de poda tradicional donde la viña no tiene ningún soporte.

equilibrado: Adjetivo referente a la armonía de los gustos detectados.

espumoso: Vino con presencia de carbónico por una segunda fermentación.

espaldera: Soporte vertical para conducir las viñas emparradas.

estructurado: Referente a la sensación gustativa bien organizada en boca. Vino con solidez para soportar el envejecimiento.

fermentación alcohólica. Proceso fundamental por el que se convierte el mosto de uva en vino. Es la denominada «primera fermentación».

fermentación maloláctica. Proceso por el que el duro ácido málico se transforma en ácido láctico, más suave.

flavona: Polifenol responsable del color amarillo de los vinos blancos.

flor: Velo que se forma en las barricas de Jerez, Montilla-Moriles, Huelva. Se debe a un tipo determinado de levaduras.

fresco: Ligeramente ácido. Válido para muchos vinos jóvenes.

generoso: Sensación alcohólica y dulce a la vez. También vino elaborado con prácticas especiales con adición de alcohol.

graso: Con gran riqueza de sabor, con tendencia al dulzor.

hectárea: Superficie correspondiente a 10.000 m².

hollejo: Piel de la uva.

injerto: Asociación de dos estructuras vegetales para constituir una nueva planta. En la viña, la variedad vinífera se injerta sobre un pie americano.

kosher: Vino elaborado y criado según las indicaciones religiosas judías.

lágrima: Pequeñas gotas que resbalan por las paredes de la copa al agitar el vino. El aspecto de ellas depende del glicerol.

levadura: Hongo unicelular que se encuentra en los hollejos y que es responsable de la fermentación de los azúcares.

lías: Sedimentos finos que contienen los vinos antes de ser filtrados.

maceración: Dejar en contacto los hollejos de la uva con el mosto para la extracción de las sustancias que contiene, principalmente, color y aromas.

maceración carbónica: Tipo de vinificación con las uvas enteras para extraer una mayor cantidad de aromas. Se utiliza en la Borgoña para elaborar el beaujolais *nouveau*.

maceración en frío: Técnica moderna de maceración en tintos utilizada para una mayor extracción de color y aromas afrutados. Se consiguen vinos concentrados sin ser excesivamente tánicos.

marc: Aguardiente elaborado en la Champaña a partir de destilar las pieles de la uva una vez prensadas.

marco de plantación: Distancia entre cepas en un viñedo.

menisco: Elipse que se forma al tumbar la copa para detectar el color.

mercaptanos: Olor desagradable (parecido a agua estancada) en vinos poco oxigenados en su elaboración. Desaparece al agitar la copa y en la crianza en botella sino es muy marcada.

Michel Rolland: Enólogo bordelés que marcó la moda de los tintos en la primera década del siglo XXI.

microclima: Elementos climáticos característicos de una determinada parcela.

mineral: Aroma propio de algunos vinos a pizarras y otros minerales.

natural: Vinos a los que no se le han añadido sulfitos en su elaboración.

neutro: De sabor poco definible. Son vinos que dejan una boca limpia.

oxidado: Vino evolucionado debido a una combinación excesiva con el oxígeno.

película: Hollejo de la uva.

persistente: Que perdura en el tiempo.

pie de cuba: Cultivo de unas levaduras concretas que se prepara para la fermentación de un determinado mosto o para reanudar una parada en esta.

plano: Inexpresivo, falto de acidez. Vino uniforme a su paso por la boca.

podredumbre noble: Producida por el hongo *Botrytis cinerea*. Es un efecto beneficioso ya que se concentran los azúcares, conservando la acidez. Se utiliza en las regiones de Sauternes, Alsacia, Rin y Ontario.

polifenoles: Sustancias responsables de la estructura de los vinos. Son los antocianos, las flavonas y los taninos.

posos: Sedimento de los vinos tintos compuesto por bitartratos y antocianos.

potente: Para referirse que hay mucha cantidad de gusto o aroma.

quinta: Explotación vinícola en Portugal.

redondo: Imaginemos que cuando degustamos el vino es como una bola: el vino es redondo cuando esa bola es perfecta en nuestra boca, sin aristas.

redox: Proceso de equilibrios que se producen en el vino, oxidación (combinación con el oxígeno) y reducción (en ausencia de oxígeno).

rendimiento: Cantidad de uva producida en una hectárea de viña.

retronasal: Aroma que se produce al calentar el vino en la boca. Los aromas ascienden a través de la laringe hacia las fosas nasales. No todos los vinos poseen este aroma, solo los más consistentes.

ribetes: Son los reflejos en el vino. Nos informan de su edad. Son diferentes para los vinos blancos (de verdosos a dorados) y los tintos (de morados a teja).

Robert Parker: Crítico vinícola estadounidense que, desde Wine Advocate, puntuaba los vinos de todo el mundo. Una puntuación de 100 Parker es capaz de conseguir que un vino se agote.

sabor: Combinación de aroma y gusto.

sangrado: Descubado del vino tinto al finalizar la fermentación/maceración.

seco: Carente de dulzor. También nos referimos cuando el vino no es afrutado o poco afrutado.

sedimentos: Partículas en suspensión en un vino.

sekt: Vino espumoso alemán.

sommelier o sumiller: Persona encargada de la administración de la bodega y del servicio del vino en el restaurante

suave: Armonioso, sin demasiada estructura. Agradable al paladar.

sulfitos: Antioxidante que se añade al vino durante la elaboración.

superficie foliar: Superficie de las hojas de la vid. A más superficie, más fotosíntesis, más producción de azúcar y otros elementos.

tánico: *Véase* astringencia.

tanino: Polifenol responsable de la astringencia y el amargor en los vinos.

terpénico: Aromas profundos que presentan algunos vinos elaborados con variedades muy aromáticas (albariño, riesling, muscat, sauvignon blanc, etc.). Recuerdan a aromas de corteza de limón y frutos tropicales.

terraza: Plataforma de tierra en un terreno en pendiente para la plantación de viñas.

terroso: Con sabor a tierra húmeda. Sensación de consistencia suave en boca.

tierno: Vino suave, redondo con poco extracto. Algunos rosados reúnen estas características.

tofe: Aroma de los caramelos de café con leche que aparece en algunos tintos de crianza o licorosos con añejamiento.

tranquilo: Vino que no es espumoso.

trasiego: Operación de bodega para separar las lías del vino limpio. Dependiendo del enólogo, puede ser con oxigenación.

turbio: Vino sin limpidez, con sedimentos finos.

umbral de percepción: Concentración mínima de una sustancia que puede detectar un catador en el vino. Cada persona tendrá su umbral.

untuoso: Vino fluido y oleoso que nos da densidad gustativa.

VCPRD: Siglas de Vino de Calidad Producido en una Región Determinada. Es el sistema común en la Unión Europea para las denominaciones de origen.

VECPRD: Utilizado para los vinos espumosos en España, los espumosos que no pertenecen a la DO Cava, aparecen estas siglas.

vegetal: Aroma que aparece en algunos vinos que recuerda a manzanilla, sarmiento, raspón verde, etc. Como aroma negativo hablaríamos de «aromas herbáceos».

vegano: Vino que se ha elaborado sin clarificantes animales (clara de huevo, albúmina de sangre, gelatina, etc.). Para clarificar, se utilizan gelatinas vegetales (guisante, lentejas, etc.).

velado: Vino ligeramente turbio con sedimentos muy finos.

vendimia tardía: Las uvas se recolectan más tarde de lo habitual para sobremadurarlas.

Normalmente, sirve para elaborar vinos generosos o licorosos.

venencia: Catavino con una larga caña que sirve para extraer el vino de Jerez de la barrica sin desgarrar la flor.

verde: Primer grado de vino con acidez excesiva. También utilizado para denominar un tipo de vinos de graduación baja muy frescos.

vinagre: Vino en que el alcohol se ha convertido en ácido acético por la acción de las bacterias. Su olor es característico. Hay vinagres de altísima calidad como los de Módena. Para un vino tranquilo, el olor a vinagre es consecuencia de una conservación defectuosa.

vinoteca: Lugar donde se conservan los vinos. También, se utiliza para denominar los establecimientos especializados de vinos.

***Vitis vinifera*:** Especie a la que pertenecen todas las cepas que producen las uvas de mesa y para la vinificación. Son *Vitis vinífera*: tempranillo, macabeo, riesling, chardonnay y todos los tipos de uva que podamos recordar.

volátil: Aroma que se evapora rápidamente del vino. Si hablamos de «acidez volátil», nos referimos a la producida por el ácido acético (vinagre).

vintage: Añada.

weingut: Explotación vitícola en Alemania.

XO: Siglas de Extra Old, utilizado en la región de Coñac (Francia).

zarcillo: Órgano de la planta que sirve a los sarmientos para asirse y fijarse.

Agradecimientos

Quisiera expresar mi gratitud a Vila Viniteca por la colaboración dispensada para la realización de las fotografías, así como a las siguientes personas, empresas e instituciones por la amable cesión de algunas de las fotografías que ilustran esta obra:

Albet i Noya, Xavier Barba, Bodegas Itsasmendi Upategia, Bodegas Ruiz Monje, Bodegas Tomada de Castro, Jordi Bort, Celler de Gelida, Celler Florida, La Conreria de Scala Dei, Consejero Regulador de Navarra, Consejo Regulador de Jerez, Consejo Regulador del Vino de Oporto, DVI, ESHOB, Grup de Tast Hexaedro, Lavinia, Mas Martinet Viticultors, Monvínic, Nau de barriques, Artús Porta, Riedel, Tinos de madera y Jordi Vidal.

Y un agradecimiento especial a Judit y Maria, por estar siempre.

LLUÍS MANEL BARBA

Índice alfabético